教師の働き方を変える

時短

5つの原則＋40のアイディア

江澤隆輔 著

東洋館出版社

CONTENTS

教師の働き方を変える時短

第1章 できる教師はみんな時短している

第2章 教師の働き方を変える時短アイディア40

できる教師は
みんな
時短している

第1章　[教師の働き方を変える時短]

「忙しすぎる先生」の時代

「もう20時か、まだまだかかりそうだな」
「全然終わらないから、持ち帰って家でやるか」
「土日も来ないと、月曜までに採点が間に合わないなぁ」

こんな声、いろいろなところから聞こえてきます。本書を手に取ったあなたも、身に覚えがあるのではないでしょうか。

連絡ノート、日々の授業準備、丸つけ、各種アンケートの結果や様々な教育計画書などの教育委員会への提出資料、個別の指導計画、中高であれば部活動……現在、教師には非常に多くの業務が割り当てられています。その「忙しすぎる状況」が教育業界には蔓延しています。残念ながらそんな状況に慣れてしまってその過酷さを「目の前の子どものためだ」として、疑問に思わなくなってきている先生がいらっしゃるのも事実でしょう。

忙しすぎると、学校の「命」であるはずの授業のための準備が疎かになってしまいます。中学校では1日に1時間から2時間程度の「空き時間」があり、その時間に教材研究などをすべきものでした。しかし、現在は授業とは関係のない雑務に追われ、十分に準備ができないまま授業に臨まざるを得ない状況にあります。

また、文科省の調査によると、毎年5000人あまりの先生が、精神疾患で病気休職を余儀なくされており、その割合は一般企業の数字よりも大幅に高いものになっています。慢性的な忙しさが、学校の命である授業の質を下げ、教師の健康をもむしばんでいるのです。

この本を手に取られた先生の中で、「最近忙しいな」とか「以前よりも忙しくなったね」とか同僚の先生方と話をされたことがある先生も多いと思います。残念ながら間違いなく、現在の教師はとても忙しくなってきているのです。

「過労死ライン」に達する教師の働き方

このことは、統計からも明らかになっています。

平成29年4月に文部科学省から公開された「教員勤務実態調査」によると、小学校教員の実に3割以上、中学校にいたっては約6割の先生が週60時間以上勤務していることが分かりました。この調査は、文部科学省が10年ぶりに実施したもので、全国の小学校教員約9000名と中学校教員1万名以上に大規模な勤務実態のアンケートが行われました。

前回の平成18年に実施した調査結果と比べると、「授業」や「授業準備」、「クラブ活動・部活動」などほとんどの項目で時間が増加しており、教員の多忙化が浮き彫りになる結果になりました。

また、この調査の調査時期は10月期・11月期となっていますが、もしテスト事務や成績処理に追われる3月・7月・12月や、クラブ活動・部活動の大会などが盛んになる6月・7月に調査が行われていたら、もっと長い勤務時間がデータで表れたことと思われます。

さらに、連合総研が実施した調査によると、**小学校教員の約7割強、中学校教員の9割近くが過労死ラインに達している**というデータがあります。「激務」と言われている医師でも過労死ラインに達している割合は4割ですし、建設業や製造業は1割程度です。よって、教師の勤務は他の業界に比べてもかなり長い勤務時間であると言えます。

以上より、文部科学省と連合総研の調査データから、教師の仕事・業務は多岐にわたり、多くの時間を要すると言えます。そこで、それらの多くの仕事の中で、時短できるものはできるだけ時短を図り、時間外勤務を短くしてプライベートを充実させたり、不登校児童生徒への指導や授業準備など、時間をかけたいところで浮いた時間を使ったりすることを、本書のコンセプトとしています。

その作業、本当に必要ですか？

「子どもの丸つけは曖昧だから……」と、児童生徒のプリントの採点すべてを、1年間1人で丸つけをしている先生の姿を見かけます。そういった先生、実はけっこう多いのではないかと思います。

ですがその作業、本当に必要でしょうか？　丸つけという作業に時間をかけることで、「仕事をした気」になっていたり、それが当然だと考えもせず続けていないでしょうか。そういった姿勢には、働き方として疑問が残ります。

丸つけは確かに必要で、子どもに任せることに不安があるのも、気持ちとしてはよく分かります。ですが、1年間をかけて「曖昧な丸つけしかできない子ども」を「きちんと丸つけができる子ども」に育てるのも、一つの教育でしょう。実際、小学校ではプリントやドリルがとても多いので、友だちと交換などをして、児童自身で丸つけをさせるようにしている先生もたくさんいらっしゃいます。

教師が忙しい中、なにもかも自分でやろうとする必要はないのです。むしろ子どもたちに任せることで、育ってくれる面もあります。

時間をかけるべき仕事、手早く済ませるべき仕事

不登校児童生徒への指導やいじめに対応する生徒指導、教材準備や授業研究など、時短を図ることができない仕事があります。これらの学校としての「根幹」

になるような仕事を怠ると、その後の教師としての実践もやりにくくなりますし、いじめや不登校の問題はとてもデリケートなので、クラスや学校の崩壊を招きかねません。

この手の生徒指導に対しては、多くの先生方の協力が必要になってきますし、多くの時間を割くべきです。だからこそ、**できるだけその他の業務で時短を図り、時間を産み出すのです**。

また、先生方によっては、「これだけは譲れない」という自分の得意分野の教材や実践があると思います。私は学校全体の英語科の運営を考えたり、中学1年生の初期指導の方法を考えたりするのが得意ですし、何より時間を忘れるほど楽しいです。他の先生方と話し合ったり、書籍を調べたりして、どうすれば学校全体に英語の力を付けることができるのかを考え始めたら止まりません。

こういった、**自分が得意なことや自分にしかできないようなことにできるだけ時間をかけたい**のです。また、「やりたい仕事」「こだわりたい仕事」に時間をかけられるようになったら、もっと仕事が楽しくなるでしょう。だからこそ、その他の仕事をできるだけ時短して、時間を産み出していくのです。

充実した生活が、充実した教師人生をつくる

時短のアイディアを使って産み出した時間は、先生方自身のことにも使えます。時短アイディアを駆使し、定時で学校を出ることができれば、**教師としての力量をあげる取り組みもできますし、趣味にも時間をかけられます**。

私は仕事をできるだけ早く切り上げ、三人の子どもと妻を合わせた五人で必ず夕食を食べるようにしています。また、夕食前に子どもとお風呂に入るのも楽しみにしています。独身の先生方も、時間があれば好きなことを楽しんだり、友達と遊んだりもできます。

また、時間を得ることで心に余裕ができ、その後の教師としての生活に必ず生きてきます。旅行に行ったらその地の名産や観光地を児童生徒に紹介できますし、読書をしたら、ブックトークもできるようになります。

あるいはもしかしたら、今児童生徒に流行しているテレビゲームをして、共通の話題ができるかもしれません。

人生を「占有」する仕事をよりよいものに

職業を英語で〝Occupation〟と言います。ただ、〝Occupation〟には他の意味もあって、**「占有」**という意味もあります。統計によると、私たちが1日8時間働いた場合、年間で約1800時間、35年勤めたとすると6万時間以上になるそうです。

前述の通り、教師という職業は勤務時間が他の業種と比べてとても長いことが明らかなので、35年教師をした場合、8万時間以上、もしかしたら10万時間学校で勤務する方もいらっしゃるかも知れません。仕事は、あなたの人生の時間を「占有」するものなのです。

通勤時間や仕事の支度時間も合わせると、あなたの人生の大部分を仕事が「占有」しているでしょう。また、教師としての仕事がうまくいっていないと、あなたの頭の中も仕事に「占有」されます。生徒指導や保護者対応に始まり、教材研究や校務分掌の進め方について、やきもきされている方もいらっしゃるでしょう。

仕事は人間関係も「占有」します。長く教師としての仕事をしていくにつれて、知り合いの先生がどんどん増えていきます。友人や親族の数と比べて、仕事関係の知り合いの方が多くなっている先生も多いのではないでしょうか。あなたの「時間」「頭の中」「人間関係」を占有していくのが仕事であるからこそ、しっかりと考えてもらいたいと思います。

「職員室に残っているのがいい教師」ではない

そして学校には、長い時間職員室にいて、時間をかけて仕事をしたり児童生徒のことを情報交換することが善・美徳とされる文化があるように思います。長い時間職員室にいてプリントの丸つけをしたり、長い時間部活動指導をしている教師が「素晴らしい教師」で、早く帰ってしまう教師を「自覚がない教師」「不真面目な教師」とする空気が、残念ながらあるのが事実です。

私の勤務する学校でそういった空気を感じたことはありませんが、友人の教師などと話をしていると、「先輩教師が職員室に残っているから帰れない」といったような、同調圧力にも似た雰囲気を感じているそうです。

しかし、パナソニックを一代で築いた松下幸之助氏のこんな言葉があります。

人より一時間余計に働くことは尊い。努力である。勤勉である。だが、いままでよりも一時間少なく働いて、いままで以上の成果を挙げることもまた尊い。そこに人間の働き方の進歩があるのではないだろうか。

（『道をひらく』）

長い時間職員室にいる教師＝良い教師、早く帰る教師＝不真面目な教師とするのは、実は逆なのではないでしょうか。

働き過ぎだった過去のわたし

ここで少しだけ、わたし自身の経験をお話しします。

もともとわたしは、授業が終わったら部活動指導をして、その後に一息入れてから仕事をしたり、同僚の先生と話をしたりしながら、ダラダラと仕事をしてしまうタイプの教師でした。

授業や部活動のあと、気の合う先生とその日に生徒の頑張っていた場面や、生徒を叱った場面を話したりする時間は、もちろん大切だと思いますし、それを通じて得られたこともたくさんありました。しかし、わたしはそれが習慣化してしまって、生徒の教育とは直接関係のない話をしてしまうことも多かったように思います。

そして、満足するまで同僚の先生と話したあとに、またダラダラと仕事を片付け始めるので、退勤時間が午後9時を回るのは日常、ひどいときには日をまたぐことも多々ありました。それが普通の感覚になってしまっていましたし、その頃は、すべての仕事に一人で時間をかけて取り組むことが素晴らしいことだと思っていました。

時間の使い方で、仕事・生活のすべてが変わった

しかし、2校目の勤務校への在籍時に、結婚や出産（するのは妻ですが……）&育児とライフステージが大きく変わり、自分の仕事の進め方を見つめ直すようになりました。それまでのように、起きている時間の大半を学校で過ごすような

仕事の仕方を改めないといけない、と感じるようになったのです。

そこで、**時短できる点は極力時短して、時間をかけるべき仕事にしっかりと時間を取れるような教師**を目指し始めました。超多忙な小中学校の教育現場で常に机周りが片付いており、クリアな環境の中で仕事をされている先輩の先生に出会ったのもこの頃です。

また、仕事をそつなくこなしながら、国内外を旅してプライベートを充実させている先生にも出会いました。そんなライフステージの変化と周りの先生の仕事ぶり、プライベートの過ごし方を見ているうちに、効率を見直す働き方を考えるようになったのです。

後述していますが、時短のために児童生徒ができることはどんどん子どもにおまかせしたり、極力わたしの出る幕を減らして、子ども自身が動くような実践を取り入れました。単に教師の手間や作業時間が減るだけでなく、時短を取り入れることで、自分の学級経営や授業マネジメントの方法も変わっていきました。

このことを通じて、驚くほど自分の授業を俯瞰的に見ることができるようになりましたし、授業スタイルを変えながらも、しっかりと子どもに力をつけるような授業や、安定した学級づくりの力が身についてきました。

また、もちろん自由な時間ができるので、私生活の面でも良い影響が現れました。それまでは、帰宅して寝るだけの生活でしたが、我が子に読み聞かせをしたり、一緒に遊んだりすることが普段の生活になりました。

時間は「命」だ

ここ10年の教員の勤務時間増加を見ると、教員の献身性は限界を迎えていると言えます。その中で、時短できる仕事を徹底的に時短し、**短い時間の中で子どもと良好な信頼関係を築き、早く帰れる教師は優秀な教師である**と私は思うのです。

私は時短できる仕事はできるだけ時短を図り、早く帰る教師を目指していますし、これからも仕事の最適化のために様々な取り組みをします。なぜなら、時間は誰にとっても有限だからです。他からの同調圧力を感じて躊躇してしまうくらいなら、今すぐにでも一歩でも自分のために動いた方がいいのです。

「時間」は「命」と言えます。本書のアイディアの中で、少しでも取り入れることができるものは取り入れて、浮いた時間で大切な人と過ごすのも良いですし、趣味に没頭するのも良いでしょう。

本書を読んだ先生方が、時間をかけることは時間をしっかりとかけ、時短できる仕事は徹底的に時短する、メリハリのある教師になって欲しいと思います。


そんな思いを込めて、以下では時間を有効に活用するための哲学とも言える、「時短の5原則」を説明しています。ご参照頂き、先生方の日々の働き方を思い直したり、変えたりすることに役立てば、著者として冥利に尽きる次第です。

また、次章では、先生方が今日すぐにでも始められる時短のアイディアを、全部で40、具体的な例としてご紹介しています。

いずれも、ご自分の学校やクラスに応じて、使い勝手がよいもの、あるいは難しいものもあるかもしれません。ご自分でいろいろと試してみたり、選んでチャレンジしてみて下さい。周囲の協力が必要だったり、みんなで進めたほうがより効果のあるアイディアもありますから、ぜひ、周囲の先生方にも紹介して、一緒に取り組んでみて下さい。

01 ［時短の原則］

職員室の空気は読まない

時に真面目さは危険信号

本書をご覧になっている先生方は、これまで教師として堅実に業務をこなされてきた方ばかりだと思います。教師という仕事に就いている以上、それはもちろん当然のことでしょう。また、一人でも業務を真面目に取り組まない先生がいると、学校自体が回らない状況にあるのが実情でしょう。

ただ、真面目で責任感が強いことが、必ずしも働き方にいい影響を与えないこともあります。以下の例を考えてみて下さい。

【ある中学校】 同じ教科の先生が夜9時を過ぎてもまだ残っています。その先生の受け持つクラスは、あなたが指導するクラスよりも成績が優秀です。自分より教科指導力のある先生が、教材研究や教材開発を遅くまで行っているのに、自分が先に帰るのは憚《はばか》られる……。

【ある高校】 勤務時間を過ぎた頃、あなたの担任の同学年、隣のクラス内でトラブルがあったようです。

あまり大きなトラブルではないようですが、どうもそのクラスの担任の先生は、部活指導後の夜7時頃から家庭訪問をすることにしたようです。自分のクラスの生徒はこのトラブルと直接関係はありません。この状況で、帰っていいのだろうか……。

いかがでしょうか。これらは、職員室内でよくある光景だと思います。

この状況下で、家に帰るのを少しでも躊躇する場合、あなたの働き方に対する考え方・感じ方は、黄信号と言えます。

「同調圧力」に屈しない

　真面目であること、それ自体は良いことです。しかしながら、それがご自身の働き方にマイナスの影響を与えていては元も子もありません。

　なぜなら、職員室内には様々な立場、様々な考え方の先生方がいらっしゃるからです。「周りに言ってはいないけれど、実は介護問題を抱えている先生」「できるだけ定時に帰って自分の趣味に没頭したいと考えている先生」「未就学の子どもがいて、幼稚園・保育園などにすぐに迎えに行きたい先生」「とにかく教材研究・教材開発をしたくて、残業は厭わない先生」など、職員室には多様な立場・考え方を持った先生方がいらっしゃいます。

　先生方の「真面目さ」が、職員室内の「あの先生がまだ帰らずに職員室に残っているんだから、なんとなく帰りにくいな……」とか「学年で起きたトラブルなのに、自分だけ帰るのはまずいのかな……」といった「同調圧力」を生んでいるかもしれません。**あなた自身だけでなく、いろいろな事情や考え方のある他の先生をも、結果的に帰りにくくしてしまっているのかもしれないのです。**

どうか先生方の働き方への考え方の軸として、**「職員室の空気を読まない」**を取り入れてみて欲しいなと思います。他の先生方を差し置いてできるだけ早く帰ることは、最初は憚られるかも知れません。ですが、毎日続ければ「あの先生は、仕事がないときは早く帰るんだ」というイメージで他の先生方に見られるようになり、どんどん帰りやすくなりますし、他の先生方も、早く帰ろうという意識に変わっていくような好影響があるはずです。

学校にいることだけが「真面目」ではない

先生達には多様な考え方や、それぞれの事情があります。「真面目さ」というのは、学校に残って働くだけではなく、それ以外の社会活動や家庭で尽力することも、あるいは趣味に没頭したり休息をしっかり取ったりして心身を充実させ、職務にしっかり取り組めるようにすることも真面目な態度なのです。その多様性を実感して、共有して頂きたいと思います。

先輩の先生が残って教材研究をしていようと、なんとなく周りの空気が気になろうと、「自分は自分」というプライドを持って、仕事が残っていなければ空気を読まずに職員室を出ましょう。こういった「良い意味」での不真面目さを持って、定時を過ぎたらいつ帰ってもOKという考え方を持って欲しいのです。その一歩が、次第に職員室全体を変えていくことでしょう。

ベテランこそ早く帰るべき

もう1点付け加えたいのが、ベテランの先生方や管理職の先生方の振る舞いです。

ここまで書いた問題は、「職員室の空気を読まずに帰る」という選択肢を取れない先生にも問題がありますが、年配の先生や管理職の先生が普段から上記のような「同調圧力」を先生方に感じさせていると、職員室全体でそれにあらがうのは、正直なところ難しい面も大きいと思います。経験の浅い、若手の先生に至っては、なおさらのことそうでしょう。

若手・中堅の先生方は、年配の教員や管理職の先生方の一つひとつの言動や雰囲気をよく見ており、職員室の雰囲気を感じ取っています。教材研究に関する考え方、部活動指導に関する考え方、校務分掌に関する考え方、生徒指導に関する考え方など、それらに対する職員室の雰囲気を若手・中堅の先生は敏感に感じ取ろうとしているのです。

ですから、発言力が大きい年配の先生方や管理職の先生方は、そのような職員室内の「早く帰ったらマズいような雰囲気」を決して作り上げないよう注意して欲しいと思うのです。そしてできることなら、率先して早く帰るよう振る舞い、周囲にも呼びかけて欲しいのです。

中堅や年配の先生方、管理職の先生方が率先して早く帰れば、自分のプライベートを充実させるだけでなく、若手の先生方が早く帰りやすい雰囲気ができます。教科指導力・生徒指導力に自信を持てない先生であればあるほど、それを気にします。そんな先生方に、教科指導・生徒指導面でのサポートだけでなく、働き方のサポートのためにも「早く帰ることは良いことだ」と無言のメッセージを伝えて欲しいと思います。

02

【時短の原則】

プライベートの充実がいい教師のカギ

確かに忙しい、でも……

前述のように、自宅での残業を含めると小学校教員の約7割が過労死ラインを超えていることが分かっています。さらに、中学校教員に至っては9割近くの先生方が過労死ラインを超えた状態で毎日子どもと向き合っています。

私の周りの先生方を見ても、明らかに過労死ラインを超えて働いている先生はたくさんいらっしゃいますし、中には月200時間の残業をしている先生も見かけます。

そんな「超」がつくほど多忙な世界に生きるわたしたちにとって、プライベートの充実はなかなか難しいものかもしれません。学校での残業だけでは業務が終わらずに、自宅に持ち帰っての仕事をせざるをえない状況も存在します。

でも、だからこそ、できるだけ業務を精選（＝業務の引き算）し、時短のワザを駆使して、時間を作っていただきたいのです。そんな中で時間を産み出して、普段関わることのできない児童生徒と話をしたり、プライベートを充実させたりしてほしいのです。

ここでは、プライベートを充実させることで、教育業界に生きるわたしたちにとってどれだけポジティブな影響があるか、お伝えしたいと思います。

余裕ができて、教科指導のアイディアが浮かぶ

授業の導入を考えていく上で、意外と学校の外にそのヒントやアイディアが転がっているものです。

例えば、中学校三年生の英語では「後置修飾」や「関係代名詞」を学習しますが、その導入にはおもちゃ屋に売っているような「なぞなぞ本」が使いやすいですし、中学校一年生で学習する「現在進行形」や二年生で学習する「There is/are」の文法には、「間違い探し」などで使われているイラストが使いやすいで

しょう。

また、子どもたちの関心が高い、ワールドカップやオリンピックなどのスポーツのビッグイベントがあったときには、選手の人となりが道徳の授業の材料になるかもしれません。

そういったことを思いつくには、授業について普段から考えている必要があります。でも、それだけでは不十分です。まずは心に余裕が無いと思い浮かぶことは難しいでしょうし、もしかすると学校以外に行く時間すら取れないかもしれません。

プライベートが充実していると、心に余裕が生まれます。すると、街を歩いていたり、車で道を運転してたりするだけで、授業のアイディアが浮かびます。心に余裕がある教師が美しい自然の景色を見たら、「これを学級の子どもたちに見せたらどう反応するだろう」と思うでしょうし、ショッピングに行ったら「どうやってこの店やショッピングセンターで売っているものを、授業の導入で使おうかな」と思うでしょう。

心に余裕のある教師は、取り巻く生活すべてを授業に役立たせようと考えることが可能なのです。

「超」多忙な教育業界を生き抜く糧になる

言うまでもありませんが、プライベートを充実させると、「超」多忙な教育業界で日々授業をしたり、生徒指導をしたりするためのエネルギーが生まれます。

私事ですが、自宅に帰ると元気いっぱいの息子たちや娘がいます。子どもたちとお風呂に入ったり夕食を食べたりすることから、本当にエネルギーを貰っています。

また、息子・娘たちが妻と「50音表」を見ながら、少しずつひらがなやカタカナの文字と音との連携を学習していく姿を日々目にします。様々な単語・文を読めるようになっていく姿を目の当たりにし、以前勤務していた中学校の英語科に、自信を持って英語の「フォニックス」（英語の文字と音との関係性）を紹介・導入することができました。

もし、私がすべて仕事に追われて心に余裕がなかったならば、子どもたちの言語学習の段階を落ち着いて見守ることはできなかったでしょうし、自信を持って生徒たちに「フォニックス」を教えることはできなかったでしょう。

「自分締め切り」を追い込んで生産性を上げる

プライベートを充実させて、心に余裕のある教員になるためには、時間を作ることは絶対条件です。そのためには、多忙な中ではありますが、日々早く仕事を終えて退勤することが必要になってきます。

私は、中学校勤務時代は18時半（それでも勤務時間を2時間オーバーしていますが……）、小学校勤務の現在は18時を「自分締め切り＝最低限の退勤時間」と決めていました。

遅くともこの時間に絶対に退勤するために、仕事の内容を逆算して計算し、一日の業務をこなしていきます。そうすることで、「この仕事を素早く仕上げるためにはどうすればいいいか」「この仕事、やらなくてもいいんじゃないか」「これは時間をかけるべき、絶対に手を抜けない」など、仕事を能率的に行い、生産性の高い働き方を心がけるようになっていきました。

その意味で私が参考にしているのは、**子育て世代の教員**です。保育園・幼稚園のお迎えの時間が決まっているので、絶対にその時間に仕事を終わらせる必要がある先生方は、時間を巧みにやりくりして決まった時間には退勤しています。そういった先生方の仕事ぶりに注目して、ワザを盗むのも有効でしょう。

03

［時短の原則］

情報はオールインワンに

探す時間は最小限に

教師という仕事をしていると、日々様々な情報が入ってきます。特に、中学校で学年の生徒指導を主に担当していた年は、生徒の情報が大量に集まってきたものです。

例えば、生徒指導に関する情報、教科教育・授業に関する情報、総合的な学習に関する情報や、保護者に関すること、子どもの進路相談や生活相談など、日々情報に追われ、その処理に多大な労力を要します。

そこで、多種多様な情報が入ってきている状況をきちんと整理し、必要な時にすぐに情報を参照し、取り出せる環境を作っておくことは大変重要です。**参照し**

たい情報があった時に、「どのファイルだったかな……」とファイルやノートを探しているようでは遅いのです。その瞬間も子どもには教育活動が行われていますし、いじめなどの緊急を要する指導をしていく上では、適切な情報を取り出すスピードも大切になってきます。

このノートを見ればいい

このように、学校・学年・教師には多種多様な情報が入ってくるので、入ってくる情報すべてを「オールインワン」（一つにまとめる）にしてみてはいかがでしょうか。「とにかく、どんな情報でもこのノート・手帳を開けば書いてある」という状況を常に作り出しておきます。

情報をオールインワンにすることをおすすめする理由は、日々の情報量が極端に多い以上、それらすべて覚えておくことは不可能だからです。また、**「このノート・手帳を開きさえすればどこかに書いてある」という環境があれば、何かあったときにすべてそれを参照すればいい**ので、安心して教育活動をすすめることができます。

複数のノートに情報をまとめる先生もいらっしゃいますが、一部を職員室においてきてしまって、大切なときに見ることができなかったり、ノートの数が増えれば増えるほど紛失の恐れがでてきたりします。こういった理由で、分野ごとにノートを分けることはおすすめしません。

お気に入りの手帳を見つけよう

大きな書店に行くと、教育書のコーナーには教師の仕事に特化したノートや手帳が並べられています。こういったものを使わない手はありません。

こういった教師向けの手帳・ノートの中から、ご自分の校種や仕事のやりかたによって、最も適したものを選びましょう。中には値が張るものもありますが、一年間先生方の仕事を支えるものです。数千円程度といった多少の経費は、自分への投資だと思い、教師としての仕事のやりやすさを優先してノートや手帳を選んでください。

著者がおすすめするのは『スクールプランニングノート』（学事出版）です。この教師の仕事に特化した手帳は、教師としての仕事をやりやすくしてくれる工夫がふんだんに散りばめられています。また、毎年読者からアンケートを取ることで「マイナーチェンジ」を繰り返しながら、進化し続けている教師用手帳です。

この手帳は、時間軸ではなく一週間を軸に見開き構成されているので、その週の仕事をすぐに理解できますし、教師特有のプロジェクト型の仕事に特化したカレンダーがあり、その月の忙しさや行事などに向けてやるべき仕事を「見える化」できます。

他にもいくつかの出版社から手帳やノートが刊行されていますから、手にとって、自分にあったものを探してみて下さい。

共有すべきことはオールインワンにしない

一つだけ留意点があります。それは、**「生徒指導の情報だけはオールインワンにしないほうがいい」**ということです。それはつまり、**関係する教師全員が読んだり書いたりできるように管理すべき**ということです。

私が学年の生徒指導を担当し、日々の業務に追われていたころのことですが、子ども同士のトラブルや部活動内での揉め事、授業中の問題行動などに関する情報などは、自分の手帳とは別のノートにすべての情報を記入し、保管場所を決めておくことで学年の教員が誰でも参照できるような環境にしていました。生身の子どもを相手している以上、それらの情報はとても大切で、タイムリーに参照できることが大事です。

それ以外の利点として、学年の誰でもノートに生徒指導に関する情報を書き込めるようにしておくことで、忙しい先生方が面と向かって報告や相談する手間を省くことができます。

ノートをカレンダー式にしておけば、毎週の学年会議の場でノートを提示し「○曜日の○時間目にトラブルが多い。ちょっと見回ってみるよ」とか「○曜日は昼休みにトラブルになっていることが多いようだ。今週から手の空いている先生で見回ることにしよう」「○○さんは、先週の同じ曜日にもトラブルがあったね。この曜日になにか問題があるのかな?」といった、**これまで気づきにくかった点にも光が当たり、会議で話題にできるようになりました。**

日々多くの情報に触れている先生方だからこそ、工夫した情報管理術が必要です。「一冊のノート・手帳にまとめておく」と聞くと、その管理が難しいように感じられるかもしれませんが、とにかくその日にあったことを書きなぐる、メモを積み重ねていくイメージで、ぜひ自分だけの仕事ノート・手帳を作ってみてください。

04

【時短の原則】

仕事に優先順位をつけ「ない」

順番をつける時間がムダ

仕事術に関する教育書やビジネス書を読んでいると、「仕事に優先順位をつけて……」「仕事をすべて書き出して、緊急度の高いものからやっていく」などと書かれているものがあります。

しかし、多忙な教育現場では「仕事の優先順位をつける時間」すら惜しいのが現状です。「単語テストが明日あって……アンケートの処理もしないと……優先順位が高いのはどっちだろう?」と考えている間に、チャイムが鳴って授業にいかないといけなくなります。

授業が終わって一息つこうと思っても、体育館やグラウンドでは担当する部活動が始まっています。部活動終わりに時間をつくろうと思っても、突然他の先生に仕事を振られるかもしれませんし、翌日のプリントを作っていないことに気づくかもしれません。あっという間に月末になって、出席簿を作ったり、翌月の部活動活動計画をつくる仕事が舞い込んだりします。

そう考えると、多忙な中で仕事に優先順位をつけることに意味があるのかとすら思えます。**そもそも教師としての業務量が膨大なので、優先順位を決めても効率化はしにくい**のです。

仕事内容は突発的に変わっていく

また、教師という職業の大きな特徴として、「目の前の児童生徒」によって明日の授業のやり方、言い換えれば仕事の内容が変わってきます。**日々仕事が変わるのが、教師なのです**。

そのことが顕著なのが、授業です。授業で教える内容は毎年ほぼ同じですが、目の前にいる児童生徒は去年とは全く違います。例えば、昨年の授業で問題がなく使えた授業プリントが今年は通用せず、新しいプリントを用意する必要があることもあります。**経験豊かな教師ほど、様々な教育手法を知っているので、目の前の児童生徒に合わせた教授法を考えます。そして、児童生徒を見て新しい仕事を産み出していくのです。**

わたしも、特に新しく入学してきた中学一年生の指導では、生徒の様子をよく見ながら毎時間の準備をします。1時間の授業を終えて、生徒がどのくらい習熟したのか様子をよく見て、「今年の生徒はこういう特徴があるから、こういったプリントを作ろう」「去年つくったプリントがあるけど、今年の生徒には合わないから新しく作ろう」と考えます。

そして実際、目の前の子どもたちに合わせて変えていく方が反応もよく、学びも深まります。

これは授業の準備には限りません。学校内では、学校祭や校外学習、総合的な学習の時間など様々な教育活動が行われており、児童生徒の様子や学力・人間関係などを見ながら、教師たちは日々仕事をしています。子どもたちの状況に合わせて、常に仕事は変わっていくのです。

さらに、主任・担任・副担任などで構成される「学年団」は、基本的に毎年メンバーが変わります。メンバーが変わると仕事の進め方も大きく変わっていくことが多いのです。

以上のように、**「突発的な仕事」が多いといえる教師には、効率化を目的とした優先順位づけは意味が薄い**といえるのです。

大事なのはスピード感

したがって、10のタスクがあったとしたら、大切なのはそれらに「優先順位をつけること」ではなく、「すべての仕事を期限内に終わらせること」なのです。それも、できればスピード感を持って。

前述の通り、「優先順位をつけること」自体は直接的に仕事とは関係がありませんし、順番をつけたところで仕事は一つも減りません。また、それをしてしまうことで頭に疲労がたまってしまいます。

まずは仕事の期限を見て、「今すぐにできる」と思ったら、すぐにその場でやってしまう。「授業がすぐに始まるので今はできないけど、次の休み時間の数分間でこなせる」と思ったら、付箋にメモ（または覚える）だけしておいて、授業後の休み時間でそのタスクを一つでも終わらせてしまう。他の先生への連絡があったら、「後から伝えればいい……」ではなく、その場で要点をまとめて話をする（これは、数分という限られた時間の中で要点をまとめて話すことになりますので、とても効率的です。放課後や昼休みなど比較的時間があるときには、ついついダラダラと喋ってしまいがちですので）など。

メールを返信する、児童生徒のノートに丸をつける、単語テストを作る、会議のレジュメを印刷する……など、さっとできることは優先順位をつけずにどんどんやってしまう。そして、やるべきことをどんどん減らしていく。いい意味で**「考えずに」片っ端からタスクをこなしていく**。

また、スピード感を持ってタスクを減らしていくと、それらの仕事に関係している先生方からアドバイスを貰えるチャンスが増えます。書類の提出や準備物を早く用意できれば、その仕事の出来を他の先生方が目にして、チェックする時間を確保できることになるからです。そして、アドバイスを貰えたら、さらにその資料の完成度が上がります。

優先すべきこと、緊急対応も

ただし、教育現場には杓子定規では進まず、慎重に進めるべき仕事がありま す。いじめなどに関する生徒指導や、先生方によって意見が様々な研究授業の指導案を作るときなど、じっくり時間をかけて検討すべきことがそれに当たります。

また、事故などの緊急の事柄に関しては、何よりも優先すべきです。本書でご紹介しているアイディアは、そんな「教育現場特有の大切な仕事」に時間をしっかり取ることをコンセプトとしています。

05

［時短の原則］

ＩＣＴは時短技術の宝庫

脱「紙の文化」でスピードアップ

教員の仕事、特に事務処理をする上でＩＣＴの利用は欠かせません。世の中には、インターネットやパソコンが溢れています。それらを最大限活用することで、時短につなげ、先生方の貴重な時間を産み出します。

残念ながら、学校ではまだ多くが手書きの仕事だったり、教員同士の配布物も紙だったりするなど、ＩＣＴが十分に行き渡っているとは言いがたい状況です。この現状を改めていけば、スピーディーに仕事をこなしたり、授業を効果的なものにしたりするなど、大幅な改善が見込まれます。

具体的な方策は第2章でご紹介しますが、ここではぜひチャレンジして欲しい

ＩＣＴ化のポイントをいくつか取りあげます。

ワープロソフト・表計算ソフトで時短

Word や Excel などのソフトは、大半の学校で使われていることでしょう。文章作成や名簿の管理、通知表の作成など、その用途は多岐にわたります。

これらのソフトには、多くの機能がありますが、うまく活用すれば仕事を効率的にこなしたり、間違いのないように正確に記入したり、見栄えよいデザインを作ったりすることができるようになります。そういった面での活用については、第2章のアイディア27で具体的な例をいくつかご紹介しています。

タブレット端末の活用

最近は iPad などのタブレット端末が安価になり、手に入れやすくなっています。これを授業で活用すれば、驚くほど効果的で、かつ授業準備などの時短にもつながります。

例えば、子どもの様子の写真や動画の撮影を行えば、写真を様々な場で利用できますし、保護者会で見せたりすることも可能です。

あるいは、**撮影した動画を授業で使うことだって可能**です。私が専門とする英語であれば、発音の練習にも動画や音声の使用は必須で、そのための有効な手段になります。第2章のアイディア4では、具体的な使い方をいくつか紹介しています。

書類のPDF化

学校文化は「紙の文化」です。先生方への連絡はほとんどの場合が紙で行われ、日誌も「紙」、朝礼・終礼の記録も「紙」、職員会議の資料もすべて「紙」。学校は、紙で溢れています。

現在の「紙文化の学校」では、それらの配布や整理に時間が割かれ、先生方の貴重な時間がなくなっていっているのではないかと思います。それに対して、スキャナを使えば、様々な紙資料を読み取り、PDFや画像形式のデータに変換してくれます。データをパソコン内に保存すれば、いつでも参照できます。

スキャンした資料はすぐに破棄すれば、ファイルに綴じたり資料を整頓したりする時間を短くすることができます。スキャンする作業は一見時間がかかりそうですが、現在は高性能なスキャナが安価で発売されており、自動で一分間に数十枚分をデータに変換してくれるものもあります。

なお、児童生徒の家庭環境を記した資料や試験の結果など、**ＰＤＦにすべきでない重要な資料も学校には一定数存在します**。ＰＤＦで残して破棄すべき資料とそうでない資料、ＰＤＦでも紙でも残しておいた方がいい資料に区分けして、賢く時短を図りましょう。

「学校メール」を有効利用

保護者連絡を「学校メール」で行っている学校は多いのではないでしょうか。「学年」「クラス」「ＰＴＡ委員会（役員）」「教職員」「部活動」などカテゴライズされており、天候不順での休校など、緊急の連絡で利用する学校もあるようです。

こんな便利な手段ですから、どんどん広げて使用するべきです。私は以前顧問をしていた部活動で、今後の予定や保護者の方々に知っておいて欲しいこと等の伝達に使っていました。

紙で「お便り」を配布しても、その日休みで受け取らない児童生徒がいるかもしれませんし、あるいは保護者にきちんと渡さない場合もあるかもしれません。メールであれば直接保護者に連絡をできるので、大変重宝していました。

もちろん、部活動での使用に限りません。例えばＰＴＡ会議を開く際にも、直接保護者に案内できますし、「出席できる」「出席できない」で返事を返してもらえれば、教員の作業も、保護者の負担もぐっと減ります。役員の方と前もって連絡を取り、日程を決め、案内文書をまとめ、出席を確認する……といった、従来の手順よりも、明らかにスピーディーで手間もかかりません。

さらにいうなら、ご家庭向けに配る「○○便り」も、すべてＰＤＦにして、学校メールとして送信すればいいのです。間違いなく見てもらえる上に、印刷にかかる時間も費用も削減されます。

学校という場所は、どうしても紙で配ることにこだわりがちです。メールであれば、多くの方が使っておられるので取り入れやすく、紙の文化を変えやすい手段ではないでしょうか。

少しの取り組みで、劇的に効率アップ

ここまで紹介したように、ＩＣＴ機器を使用することで、ビジネスマンの仕事だけではなく、私たち教師の仕事にも大幅な時短を図ることができます。

一昔前と比べて、教師の仕事が増えていることは明らかですが、以前よりも便利な機器が世にあふれていることも事実です。パソコンやタブレットの操作が苦手な先生方もいらっしゃると思いますが、簡単な操作をできるようになるだけでも、仕事の効率や作業にかかる時間が劇的に変化します。ぜひ、ＩＣＴ機器を仕事の時短につなげてください。

教師の働き方を変える時短アイディア40

第2章 ［教師の働き方を変える時短］

「原則」を決めて教材研究を効率的に

■脇道にそれず、最短に

闇雲に教材研究をしても、時間がかかるばかりで進みません。できるだけ具体的に、授業の方針を決めて教材研究をする、言い換えれば**先生方の授業の「柱」を決めて教材研究を進めれば、迷う時間が減り時短につながります**。もし迷うことがあったら、先生方が決めたその「柱」に立ち戻ればいいわけですから。

例えば、私が英語の授業プランを考えるときの「柱」は3本あります。①授業は15分×3コマで考える　②教師のしゃべりは最低限に　③英語学習の王道は音読　の三つです。こういった「柱」があれば、教材研究で迷わなくなり、時短につながります。以下では、どの教科等でも応用できる①と②をご紹介します。

授業は15分×3コマで考える

テレビドラマは大抵の場合、15分経つとコマーシャルが流れます。また、朝の連続ドラマはどんなに面白くても、15分で終わってしまいます。これは、人間の集中力の限界が15分で、それ以上は流れや人間関係が頭に入っていきにくいことが理由だそうです。

そこで私は日々の授業プランを考えるときに、**15分を1コマとして、3コマで考えて授業に臨みます**。難しい文法事項の説明も、絶対に15分を超えないようにします。さらに、3コマのうちのはじめの1コマを「単語の確認」などと固定し（アイディア2をご参照ください）、残りの2コマでどう子どもに力をつけるかを考えます。50分の場合、残りの5分は次回の連絡や宿題の確認、活動間の時間とします。

教師のしゃべりは最低限に

教師がしゃべればしゃべるほど、子どもの学習機会が奪われていきます。もちろん最低限の説明は必要ですが、できるだけ不要な発話は省き、活動時間を確保します。子どもに英語をどんどん使わせるべきという英語科の特性かもしれませんが、動きのある授業のほうが子どもたちは楽しいでしょうし、楽しんでいる子どもを見ることができるのは教師の特権です。

また、しゃべりを少なくすると良いことがもう一つあります。説明がシンプルですぐに終わるので、子どもたちは先生の話を聴き逃すまいとします。聞き逃すと、教師は二度と話してくれません。**聞く態度が身につく**点も、この考え方のメリットです。

授業は「帯学習」ではじめよう

■レディネスと安心感が違う

私の授業は、最初の活動はできるだけ同じ活動をするようにしています。その年の科のスタッフの授業に対する考え方や研究実践にもよりますが、1年間（できればその教科の実践として3年間）、同じ活動を授業の最初に続けることで、子どもの授業に対するレディネスや安心感は向上します。

さらに、その授業の最初に行う帯活動を**「子どもが自分自身で自立してできる活動」**とすることで、子どもが活動している時間は、教師は板書をしたり授業の準備をしたりして、時間の余裕が生まれることになります。

私の場合は英語科として取り組んでいますが、もちろんどの教科先生方も、各教科が目指すべき力や資質・能力を振り返って、ぜひ帯学習を考えてみてはいかがでしょうか。

ここでは、一例として、筆者が中学校の英語の授業冒頭で実践している帯学習の例をご紹介します。

「英語力は単語力」という言葉があるほど、英語学習においてボキャブラリー（知っている単語の数）は大切です。そこで、著者は「年間分の」単語表（英単語・意味・発音・チェック用の□を並べた表、20頁ほどの冊子になります）を配布し、授業の最初に1分から2分で英単語を日本語で言ったり、日本語を英単語に直したりして、問題を出し合う活動を行っています。

1分後、役割やペアを変え、再度チャレンジ。合計3回ペアを変えて問題を出し合う活動をします。そうすることで、家で単語の予習をしたり、生徒が単語カードを作って覚えたりする必要はなくなります。さらに、年間分の単語を4月に配付するので、子どもたちはこれからどのくらいの単語を学習するのか見通しが持てますし、得意な生徒は、授業よりも速いスピードで覚えることも可能になります。

単語表に発音も書いてはありますが、生徒にとって初見の単語を発話して友達と問題を出し合うのは不安なものです。そこで、新しい単元に進む最初の時間には、徹底して単語の発音指導を行い、ほぼすべての生徒がすべての単語を正しく読めるようにしておきます。そうすることで、**次時の授業からこの帯活動は生徒たちだけで活動できるようになり、教師にも授業の最初に時間的・精神的な余裕が生まれます。**

「すきま時間」でできる教材研究

■ふとした間も逃さず活用

学校は授業や清掃、給食など、時間がきっちりと区切られています。ですが、授業間の休み時間や、教室から職員室までの移動の数分のすきま時間も、探せばあるものです。また、通勤時間も貴重です。そんなすきま時間を、教材研究に当ててはいかがでしょうか。

「短い時間では、教材研究の準備だってできないよ」と思うかもしれません。しかし、机上に教材や教科書などを広げなくても、「次の単元ではどういった導入をしようか」「○○先生はこう教えていたけど、他にいい方法はないかな」と**考えることも教材研究**なのです。

また、授業をする以上、教材研究は必ず行わないといけない業務ではありますが、何らかのゴールを決めないと、漠然と時間が流れてしまい、研究の焦点がぶれがちになります。ここでは、そんな教材研究を「効率的に行うための三つのポイント」をご紹介します。

その単元の指導の流れを把握する

単元の流れ、または教えるべき内容を具体的に把握していれば、先生方自身の教材研究・授業研究はやりやすくなります。また、その単元にどのくらいの時間をかけて指導するのかも把握して、見通しを持つことも大切です。

年間でどういった力をつけさせるのか具体的に決める

1年後にどういった児童生徒になっていて欲しいのか、年度当初に考えておくことはとても大切です。英語科を例にとると、英語4技能（読む、書く、聞く、話す）で、1年後に伸ばしたい子どもの力を具体的に決めます。

1年後の目標値が決まれば、半年後が決まります。半年後が決まれば、3ヶ月後が決まるでしょう。そうして、年間でつける力が決まれば、今どういった授業をしていけばよいのか、すきま時間を使って頭のなかで考えるヒントになります。

多くの授業を見て、自分なりの授業スタイルを決める

多くの授業を見ることで、指導の選択肢は増えていきます。また、インターネットが普及した現在、日本全国の先生方の授業を手軽に見ることができます。

自分のクラスや考え方に応じて、多くの方法やアイディアをどう用いるか、すきま時間でも考えることで、よりよい授業のための教材研究ができるのです。

IDEA 4

■もっと効率的・効果的に

授業の可能性を広げるタブレット

iPadなどのタブレットは、学校で活用するにふさわしい多くの機能が備わっていますから、授業で使わない手はありません。ここでは、そのアイディアをいくつかご紹介します。

なお、教室にテレビが備え付けられていれば、タブレットとケーブルをつないで映し出すことができます。アップル製品であれば、Apple TVという機材を設置することで、無線でiPadなどの画面を映し出せます。こうすれば、教師が教室の後ろにいても、操作してテレビの画面を変えていくことができて便利です。

写真をどんどん撮っていく

タブレットで写真を撮っておくと、様々な場面に使えます。例えば、保護者会で保護者が順番を待っている時にクラスの活動写真をスライドショーで流しておくと、喜んで見てくれます。

また、アイディア16や18で紹介しているように、教室掲示に活用する、所見の作成に用立てるなど、よいことづくめです。

授業で使う音源を管理

私の専門とする英語では、教科書の音声や実力テストのリスニング問題、各高校入試のリスニング、英語検定の練習問題など、多くの音源があります。

それらはほぼすべてCDですので、その管理も大変です。使いたいCDが他の先生と重なる場合もあります。ですから、**すべてタブレットに保管し、「いつでも」「どこでも」「何度でも」再生できるようにして授業に持って行っています**。英語に限らず、国語や音楽など、この方法が使える教科は多いと思います。

動画でイメージを持たせる

「ここぞ」という場面を録画した動画には、児童生徒への大きな説得力があります。

例えば、私は学年末に音読を何度も重ねて臨んだ英語スピーチの様子を録画しています。それを、次年度の4月のその学年の子どもたちに見せるのです。身につけさせたい姿を教師が文書や口で説明するよりも、「1年後、ここまで英語力をつけるんだよ」といって伝える方が、**より鮮烈に1年後の自分をイメージさせることができます**。

これは、書写の指導で実際の様子をみせるなど、他の教科でも適用できると思います。また、すぐ伝わるので、授業準備や説明の時間を短縮することにもなります。

プリント「年間分」印刷法

■できるものはまとめて印刷する

明日の授業プリントを印刷していない！
授業が始まっているのに、印刷室が混み合っていて授業プリントを印刷できなかった！
テスト範囲を早く終えることができたので、明日過去の定期テストを解かせたい！
急な出張が入って、明日の授業を自習にしたい！

こういったシチュエーションは、学校の現場ではよくあるものです。圧倒的に時間と人手が足りていない学校現場では、毎日がバタバタと過ぎていき、なかなか落ち着いて授業ができません。

そこで、少しでも精神的にクリアな状態で授業をするために、**年間分の授業プリントを年度末または年度初めにまとめて印刷してしまってはいかがでしょうか**。先生方が独自に作成した導入プリントなどは別ですが、「科」として共通して使用するプリントを一年分用意して年度初めを迎えることができたら、余裕を持って授業開きをすることができます。

年間で使用する単語テストがある→年間分すべてを印刷してしまう
定期テストの過去の問題を必ず解かせる→年間分のテストをすべて印刷してしまう
評価の基準を学期ごとに生徒に示したい→年間分の評価基準をすべて印刷してしまう

こういったことを同じ科の先生方と協力して行うことで、最初に示したような「バタバタ感」は減りますし、明日の授業準備ができていないというときにも対応でき、かなり余裕を持って年間の授業をすすめることができるのです。

この方法には、もう一つメリットがあります。**先生方が年間で「何を、どのくらい」教えるのかプリントを印刷しながら理解できる**点です。極端な話ですが、初任の先生でも、例えば3年生の最後にはどういったことを学習するのか、ある程度理解できるのです。

ただし、これらを1人の先生で行っていては、先生方の負担が減ることはありません。**教科で協力して負担を減らすことを考えるのです**。「科」としてどのくらいのプリントを、どの時期に、どの学年に、年度初めには決まっている状態、さらにいつでも使える状態にしておき、プリントを印刷できているようにしたいものです。

今年の準備は前年度末に終わらせる

■時間のとれる年度末がチャンス

中学・高校では、学年としてのつながり同様、先生方の教科としてのつながりも大きいです。一週間に一度、「教科部会の時間」を組み込んでいる学校もあるかと思います。教科部会のテーマは主に、授業の進度や次のテスト範囲かと思います。そこで、3年生が卒業した後の3月の中旬以降、〝大〟教科部会（3～4時間を目安）を実施しましょう。

3年生が卒業すると、単純計算で授業時数は2/3になりますので、時間を取りやすくなるはずです。この比較的余裕のある時期に、次年度の授業指針を共有しておくことに加え、テスト準備や膨大な印刷作業など、時間と手間のかかる作業を前もって済ませておくことができます。そうすれば、例年の忙しい時期がだいぶ楽になることでしょう。

ここで提案する「〝大〟教科部会」でおすすめしたいテーマは、以下の3点です。

①教科指導上の反省：その年度に授業で子どもに力をつけられたか、丁寧に話し合います。また、どの観点が弱いのか等、改善すべき点も追究します。ただし、**先生方の負担が増えるので**

は意味がありません。業務上の負担を軽くしつつ実行可能な改善点を話し合いましょう。

②次年度のプリント印刷：学校の一年間の流れが大きく変わることはありません。テストの回数やその実施時期がほぼ決まっていれば、次年度使用する予定のプリントを「すべて」印刷してしまいます（アイディア5を参照）。例えば、定期テストの前に過去の問題を配付して解かせることになっていれば、この段階で1年間分をすべて印刷してしまいます。

膨大な量の印刷を年度が始まる前に完了させることで、「あのプリントがない！　明日までに印刷しないと！」「テスト前に過去の問題を印刷しないと！」といったバタバタが一切なくなります。精神衛生上、クリアな状態で授業に臨めるのです。

③次年度のテスト範囲と問題作成者の決定：テストの作成は大きな負担です。昨年の問題との違いをつけつつ、子どもの力を考えて、適切な問題を作る必要があります。

テストの出題範囲と作成者を年度前にある程度決めることで、年間の授業を見通すことができ、夏季休業中などに以降のテストを作成することも可能になります。

教員は年中忙しいものですが、夏季・冬季休暇等の期間中にできるだけの業務を終わらせ、日々見通しをもって効率的に準備をするために、有効な手立てです。

採点は「ずらしてめくる」

■ 積み重ねれば膨大な時間の節約に

テストの丸つけには、多くの時間がかかります。

小学校であれば単元が終わるごとに実施される単元テストに加え、小テストを何度も行っている先生もいらっしゃるでしょう。中・高の定期テストであれば、教科によって問題数は50問以上、場合によっては100問近くある教科もあります。さらに、記述式の問題も増加傾向にあり、それとともにテスト採点にかかる時間も、膨大なものになってきます。

私は毎年、約100名の子どもの英語を受け持っています。定期テストで1人5分の採点時間をかけたら、500分（約8時間半）かかることになります。この定期テストが年間5回あるので、定期テストの採点だけで**年間約2500分**（40時間以上）を使ってしまうことになります。

定期テストの時期に、毎回夜遅くまで採点に追われる経験をした先生も、少なくないのではないでしょうか。また、定期テストの時期には管理職の許可を得て、テストを数十枚自宅に持ち帰り、夜遅くまで採点しなければならない現状が学校現場にはあります。

膨大な時間がかかる採点ですが、だからこそ、丸つけを工夫することで、短縮される時間も膨大になります。例えば、これまで1人5分かけていた定期テストの採点を3分に短縮させたとして、100人分で200分（3時間以上）、年間の定期テストが5回として、なんと**15時間の時間が生み出されるのです**。何十枚と採点を行うわけですから、ちょっとした工夫やアイディアで1枚当たりの時間を減らすことを心がけましょう。それも、正確さを心がけたままに。

すぐにできるコツとしておすすめなのが、テストを斜めにずらしてめくりやすくする方法です。

何十枚のテストを採点するときに、意外と手間取るのがめくり方です。2枚めくってしまったり、あるいはうまくめくれなかったりなど、意外と時間がかかります。

そこで、まず採点するテストを揃えた後、写真のように斜めにずらします。こうすることで、格段にテストをめくりやすくなります。

採点は「×」だけ、「○」はつけない

■積み重ねれば膨大な時間の節約に

教師と採点は切っても切れない関係にあります。小学校教師・中学校教師ともに、年間で何千・何万もの問題を採点することになりますので、ぜひ参考にしてください。

それは、**「○」をつけないという採点方法**です。児童生徒のテスト・プリントで間違えたもの「のみ」、通常通り「×」を書き、正答はリズムよく「・」を書いていくイメージで印をつけるだけにするのです。「・」をはっきりつける上で、わたしは、プラチナ万年筆の「ソフトペン」またはぺんてるサインペンを愛用しています。

このやり方は、特に小学校で有効です。なぜなら、漢字のテスト50問や100問といった、毎学期で決まった形式で採点を行う機会が多いからです。使用するインクの量も格段に減りますので、詰め替えやペンの買い換えの手間もずっと少なくなります。

「○」をつけない採点には、スピードが速くなること以外にも大きなメリットがあります。それは、**児童生徒が間違ったところを発見しやすい点**です。

例えば、50問の漢字テストがあって、返却された答案に49個の赤丸と1個の「×」があった場合と、単に1個の「×」だけがある場合、児童生徒にとって、どちらが間違えた問題を発見しやすいでしょうか。明らかに、単に1個の「×」だけの場合でしょう。こうすることで、児童生徒は間違いを自覚しやすくなり、ノートに直しなどをするときに、作業をやりやすくなります。

ただし「これまでのやり方や、他の先生の方法と違う……」ということが気になる場合は、学年（小）や教科（中・高）などで採点の仕方を時短する方法として提案して、共有しておくとよいでしょう。

また、保護者の目が気になるという場合は、年度初めの懇談会などで趣旨や目的を説明して、了承を得ておく方が良いでしょう。

あくまでも**私たち教師の仕事の根幹は、「丸つけ」をすること自体ではなく、児童生徒に学力をつけることです**。児童生徒が間違いを発見しやすいことや、私たち教師の時短につながって、教材研究などの時間を生み出せるということを丁寧に説明すれば、反対されることは少ないと考えます。

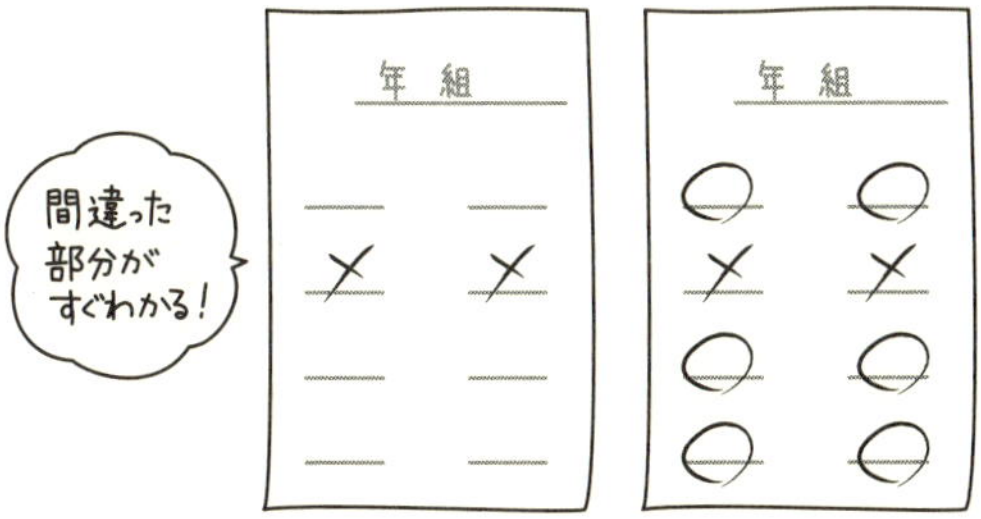

■なにか起こってからでは遅い

最大のトラブル対策＝普段の学級経営

生徒指導上のトラブルを徹底して「予防」する視点で、学級経営をするという考え方があります。例えば、風邪をこじらせたくないから、マスクをつける・規則正しい生活を送る。インフルエンザになりたくないから、事前に注射をしておく。私たちは普段、病気にかからないように予防策をとっています。これと同じように、その**「予防として」普段の授業・学級経営を充実させる**のです。

私は、普段から授業や学級経営に力を入れておくことが、生徒指導上のトラブルを防ぐ最も有効な手立てだと思っています。**いじめが発生した後や、不登校の兆候が見られた後に自分の学級経営を振り返るのではなく、子どもたちが普段から安心して過ごせる学級づくりを心がけるのです**。そういった学級の居心地の良さで、子どもの行動や学級の空気が変わります。

一方、いったんいじめなどの緊急的な事案が発生してしまうと、その解決のためにかける労力と時間は膨大なものになってきます。

保護者への説明、子どものケア、謝罪と指導、外部機関・カウンセラーとの連携……などなど、多くの教員が一つの事案に関わり、学校全体で多くのパワーを使うことになります。先生方の帰る時間は遅くなり、それでも日々しっかりと授業をしていかなければなりません。

これは、本当に骨が折れる作業です。ですので、それを未然に防止するために、やっぱり普段の授業・学級経営を充実させる必要があるのです。特に、**最もトラブルが起きやすい「場所」と「時間帯」を把握しておくことが大切**だと思っています。

まず、トラブルが起きやすい場所。それはやっぱり「教師の目が届きにくい場所」と同義でしょう。具体的にはトイレ（アイディア14参照、ただし異性のトイレは巡回不可）、屋上へ続く階段踊り場、休み時間の教室がそれに当たります。スクールバスを運行している学校だったら、スクールバスの中もトラブルの温床と言えます。

そして、トラブルが起きやすい時間帯。学校にもよると思いますが、私が考えるのは「放課後」です。特に中・高であれば、部活動の最中または部活動後です。みっちり6時間の授業が終わって頭が疲れ切り、放課後の部活動で体も疲れ切る。そんなときに、脳は正常に働かなくなって、本心とは違うことや、午前中には言わないような暴言をぽろりと言ってしまいがちです。脳が疲れ切っていますからね。

学校すべての空間を把握し、常に教師が誰かいる状態にすることは不可能ですが、その時間帯を少しでも短くすることで、トラブル発生の確率をぐっと下げられますよ。

提出物整理は子どもの仕事に

■任せた方がクラスは育つ

事務的な作業を、なにもかも教員がすべきだと思っていませんか?

ただでさえ、先生方が抱える事務処理は膨大です。提出物のチェックやアンケート回収、連絡袋からの書類の取り出しなど、全部自分でやっている先生も多いようです。

でも、正直言って、忙しい教師が事務作業を全部行う必要はありません。子どもにやってもらえばいいのです。

提出物のチェックを先生個人ですべてやっている→原則、教科係(そんな係がない場合は、子ども1人1役で作ってしまう)にお任せする。あるいは、提出物を入れる箱と名簿を用意しておいて、「ここに宿題を出したら、名簿に○をしてね」と伝える
保護者からのアンケート回収を逐一集めている→100均ショップなどでカゴを買ってきて、「持ってきた子からここに入れておいて。締め切りは今週中ね」で終わり
通信簿が入っている連絡袋から、先生が全員分、袋から取り出している→子どもに「通信簿は

連絡袋から出して持ってきて」の指示で取り出した状態に

袋から全員分の通信簿を取り出して、毎日すべての宿題を全員分チェックして、保護者からのアンケートなどを持っていないか毎日の連絡で子どもに伝える……。これが毎日少しずつ積み重なるだけで、大変な時間になっていきます。

こういった事務的な作業をあえて大事にする先生もいるようですが、私は、**事務作業に時間をかけるからといって「熱心な先生・子ども思いのいい先生」だとは思いません。「いい先生」は、まずは教材研究・授業研究に重きを置くからです。**

できるだけ子どもができることは子どもたちにおまかせして、浮いた時間を教材研究に当てたいのです。教材研究を通して良い授業ができれば、子どもの学力形成に繋がります。同時に、子どもが自分たち自身でできるようにしていけば、自分たちで物事を進められるようになります。そうして、自発的・自治的な学級につながりますし、一人ひとりの生きる力の育成につながるのです。

できることは子どもにまかせる

プリントは多めに刷って置いておく

■タイムロスなしの忘れ物対応

「先生、昨日のプリント持ってくるの忘れました……」

こういった子どもの声は毎日のようにあります。あるいは「プリントを無くした」という子どももしばしば。

教材研究をたくさんして教室に行ったのに、授業を始めた瞬間にこれを言われては、なかなか気分が乗らないもの。職員室にコピーしに行く手間ができてしまいますし、リズムが悪いですよね。こういったことを、一人ひとり対応していては、時間はいくらあっても足りません。運が悪いと、職員室のコピー機も混み合っていてイライラ……と、精神衛生上もよくありません。

また、忘れ物の指導は重要ですが、叱ったり対応することに時間やエネルギーを取られては、本末転倒になってしまいます。

そこで、**教室に一つ「忘れ物対応ボックス」を作って、そこに授業プリントや各種お便りな**

ど、どんどん余ったプリントを入れることにしています。

忘れた子、無くした子どもがいたら、自分で忘れ物対応ボックスから探してもらいます。あらかじめ数部多めに印刷しておき、忘れた子が出てきても大丈夫なようにしておくようにしましょう。そこにもない場合には、教師のところまで言いに来るようにします。忘れ物対応ボックスの使い方ルールは、生徒たちに対して年度当初に徹底しておきます。小学校では、忘れ物対応ボックスの近くにルール表を書いて貼っておくのも効果的でしょう。

ただ、この対策を取っていると、そのうち「忘れ物対応ボックスにあるから大丈夫だろう」と物の管理意識が緩んでくる子が出てくる可能性もあります。

そこで、例えば**「忘れ物しんせい書」**を毎回書かせて、忘れ物に対する意識を引き締めることは忘れないようにしましょう。

すみません、プリント忘れました…
気をつけて！申請書を出して忘れ物対応ボックスから持っていってね

IDEA 12

■一目で自分の場所が分かる

「視覚化」で班やグループ分けを

アイディア10でお伝えしたとおり、わたしは提出物のチェックなどを子どもたちにどんどん任せています。そのほうが大きな時短につながりますし、成長を期待できるからです。

ただし、いくら成長につながるからといって、係の子が数十人分の提出物チェックをするのは、子どもにとって大きな負担です。そこで、**子どもたちの負担が少なく、時短できる提出物の管理の仕方**をご紹介します。これは特に、「漢字ドリル」「計算ドリル」といった宿題が毎日全員に課されることが多く、それゆえ提出物チェックの回数も多い、小学校で有効です。

生活班ごとに区分けする

複数のボックスに「○班」と書いておき、自分の班のボックスに提出させます。すぐチェックできますし、そろっていない班が一目で分かるので、子どもに声を掛けやすくなります。

おすすめは、写真のようなファイルスタンドの一つひとつに

「○班」と書いておき、それをクリップでつなげておく方式です。手軽に作ることができ、持ち運びができるので、いつでも宿題をチェックできます。ただし、プリントの場合は立てられず折れて紙が潰れてしまうので、ノートやドリルなど立てられる提出物で利用するとよいでしょう。

提出物名簿を色分けする

ドリルやノートの右上など表紙の決まった場所に、出席番号1～6は赤、7～12は青……とマジックで色付けさせます。また「ドリルは色で固めて提出する」というルールにして、色と対応させた「提出物名簿」を係の子に渡します。

視覚的にどの色の固まりの子かすぐ分かるので、係の子が楽にチェックできます。1年間同じルールとして、全員が係を体験するようにしましょう。

出席番号	名前										
1	あさの　たく										
2	いしい　ようと										
3	うすい　さおり										
4	えざわ　たか										
5	おかだ　はる										
6	かさい　まこと										
7	こすぎ　みほ										
8	ささき　はるたか										
9	さとう　りゅうと										
10	ただ　みほ										
11	つつい　りゅうすけ										
12	てらい　ほの										
13	とだ　さき										
14	のさか　いち										
15	はまだ　こうせい										

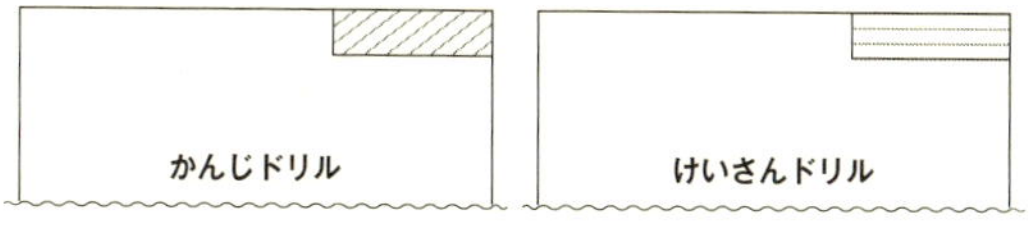

任せよう教室掲示

きれいさよりも、一緒につくる良さ

先生方の学校には、教室掲示にこだわりすぎて消耗している先生はいらっしゃいませんか？

カラープリンターを使って、カラフルに時間割を作る……

その下にさらにカラフルな台紙を貼る……

委員会・係会の名簿をパソコンで手打ちして、拡大コピーして、手作りの装飾までつけて貼る……

などなど、こんなことまで教師がしていたら、時間はいくらあっても足りません。

台紙だけ用意して、その手の作業が好きな子どもにやらせたらだめなのでしょうか？　教室に100均ショップなどで買ってきた色鉛筆やマジックを用意し、それを使って作業するようお願いしたら、喜んでやってくれる子どもが2人や3人はいるものです。

また、**時間だけ設定して、あとは級長などのリーダーに任せたほうが、子どもの自主性と積**

極性が育つと思っています。意外と子どもたちの手書きのほうが、きれいにパソコンで作ったものより味があっていいかもしれませんしね。そちらの方が、「自分たちの教室を自分たちで作り上げている」と感じることができるメリットもあります。

こういった時間割表や委員会・係会の掲示物作成は、だいたいの作業が年度初めや学期初めに行われます。ただでさえ忙しい時期ですし、できるだけ子どもができる部分は任せて時短しましょう。そして、**教材研究や授業研究に時間を回して、教師としてのスキルや子どもの学力を上げましょう**。

IDEA 14

移動を兼ねた見回りルーティーン

■不安予防は芽のうちから

アイディア9でも記載したとおり、トラブルの解決・対策には時間もエネルギーもかかるものです。ですので、未然に予防して、起こらないようにすることが最大の時短になります。それを普段から行うことが重要です。

以下で紹介する実践を全職員で実践することができれば、その効果は計り知れません。それは、**授業をしたクラスから教師が職員室に戻るまでの「動線」を長くする、**というものです。

次の時間が空き時間で多少の余裕があるとき、普通であればそのまま職員室にまっすぐ移動すると思います。ですが、クラスから最短ルートで職員室に戻るのではなく、2階で授業をしたのなら、3階に行って他クラスの様子を見てから職員室に戻ったり、1年生のクラスで授業をしたのなら、3年生のフロアを回ってから職員室に戻ったりするのです。

この1アクションを全職員が徹底することで、子どもたちにとってはかなりの緊張が生まれます。「授業が終わって先生が教室から出て行っても、他の先生が見ていることもあるんだな」「どの先生がいつ見ているか分からないな」という環境を理解させることで、大きなトラブル予防策となるでしょう。

わたしは**授業後、次の授業がない場合は必ずトイレを巡回してから職員室に戻るように決めています。**多少の雑談をトイレで男子としたり、休み時間も残り少なくなったら教室に行くよう促したりすることで、「先生はトイレにもやってくるものだ」と理解させ、トラブル予防に努めています。

こういった実践をいきなり全職員で実施するのは難しいかもしれませんので、まずは学年でできるように働きかけてみて、その成果をもとに学校全体でできるように提案してもよいでしょう。

全教職員の少しだけの手間で、「子どもたちだけで休み時間を過ごしている」という時間をできるだけ少なくすることで、「近い将来起こる予定だったトラブル」を防ぐことができるでしょう。

超速でアレンジ！ イラスト入り「〇〇通信」

■時間をかけずに華やかに

学校に「〇〇通信」はつきもの。小学校では毎週の学級通信がありますし、以前勤務していた中学校では、学年通信を毎月、部活動通信を不定期で、勉強方法を詳しく記載した教科通信を発行している教科主任の先生もいらっしゃいました。委員会通信を配付している学校もあるかもしれません。

「〇〇通信」の中で、中身が文字ばかりの紙面だと、忙しい保護者の方の目に留まる可能性が低いですから、イラストカット集や無料のイラストホームページからサッとダウンロードして、通信を華やかに彩ってみてはいかがでしょうか。

大切なのは、**通信の中で使用するイラストをどこから探すか「決めておく」こと**です。毎回の通信作成のたびに、イラストカット集やダウンロードサイトを検索して探していたら、かなり時間が取られてしまいます。使用するホームページや書籍をあらかじめ決めて、そこから選ぶようにしましょう。以下では、私のおすすめの書籍とウェブサイトをご紹介します。

なお、イラストの使用に際しては、多くの場合一定の制限があります。書籍の注意書きやウェブサイトの利用規約を確認しましょう。

『小学校 テンプレート&イラスト』『中学・高校イラストカット集』（イクタケマコト 学事出版）→手書き風で素敵なタッチのイラストです。教師経験があるイラストレーターの方の書籍なので、かゆいところに手が届くイラストが数多く記載されています。また、例えば『中学・高校』は種類を「学校生活編」「学校行事編」等区分けしており、すぐに欲しいイラストを見つけることができます。さらに、CD-ROMも付属されているので、紙をコピーして切り貼りする必要がなく、イラストの大きさを自由に変更できます。

いらすとや（http://www.irasutoya.com/）→「学校」のタグから、下のような学校の配布物に使いやすいイラストをダウンロードでき、加工を自由に行うことができます。

タダピク（http://www.tadapic.com/）→商用利用可のフリー素材・無料画像サイトだけを対象とした検索エンジンで、検索したい言葉をバーに入力して表示された画像を使用することができます。また、有名漫画の画像を加工することもできます。

「いらすとや」の学校イラスト

集合写真はアプリでサッとアレンジ

■時間も手間もかけず印象的に

学級担任をしていると、「合唱コンクール」「修学旅行」「文化祭」をはじめとして、学級の集合写真を撮る場面が一年間に何度もあります。小学校は特にクラスで動くことが多いので、さらに多くの集合写真を撮るでしょう。そんな集合写真を学級に掲示することは多いと思いますが、加工せずに印刷するのもなんだか味気ないもの。

しかし、アプリを使えば、**何の変哲もない集合写真を、文字や飾りを入れるなどして短時間で加工することができます**。左頁の写真は、ある時の体育祭の写真を加工・掲示した例です。

上段：クラスの集合写真→写真上部の空の部分と写真下部のグラウンドの部分が寂しかったので、メッセージや体育祭の結果を記載。黄色組だったので、文字は黄色を使いました。

中段：がんばった子どもの写真→あまり個人を取り上げることは好ましくないかもしれませんが、大変なリーダシップと企画力を見せてくれたので、印刷して加工後、掲示。

下段：終了後の集合写真→これも上部の空の部分と下部のグラウンド部分が寂しかったので、加工して印刷。一緒の黄色組になったクラスの2年担任の先生にもプレゼント。教室に掲示してもらえました。

これらの加工写真は、「Evernote」というアプリを使えば、ものの数分で作り上げることができます。有料プランもありますが、無料プランでも問題なく使えるアプリです。画像をクラウド上に取り込んで、クリックすれば加工モードになり、色やサイズを直感的に編集できますし、短時間で加工が可能なので、忙しい教師にはもってこいのアプリでしょう。

しかし、集合写真とはいえ、クラウド上に長期間子どもの写真をおいておくことは心配が残ります。そのため、加工して印刷、学校のネットワークなどに保存したらすぐにクラウド上からは消去するようにしましょう。

所見準備は学期初めから

期末になって焦らない

所見を作成する業務は負担になっていませんか？

教師は毎年、最低3回（2学期制の場合は2回）児童生徒の所見を書く必要があります。普段がんばっていることや生活の様子を簡潔にまとめて、通信簿に書いていくのです。この作業で苦労する先生方は意外と多いのではないでしょうか。

所見の提出締切間近になると、

「普段の生活の様子といったって、特別書くことがないなぁ…」

といった会話がよく職員室で聞こえてきます。

では、例えば文化祭の学年発表を見ていて、ただなんとなく発表を見るのではなく、**子どもたちのがんばりを逐一メモしていたでしょうか**。毎日子どもの様子をできるだけ観察して、**一日に一つでもがんばりを見つけ、子どもをほめていたでしょうか**。所見をまとめる段階で思い出そうとしても、時間がかかるのに加えて、子どもたちが輝いていたせっかくの姿を忘れて、書き漏らしてしまうかもしれません。

この意外と負担の大きい（残業になってしまいます）作業を少しでもスムーズに終わらせるために、私は**市販のノートに子ども一人ひとりのスペースを作って、逐一メモするようにしています**。ノート1ページをまるごとその子ども専用スペースにして、どんどんメモしていき、その子どもの姿を書き留めて増やしていくのです。学期の半ば頃になったらメモを振り返り、記述がまだ少ない子どもの教育活動を重点的にチェックしていくのも効果的でしょう。

日々、少しでも子どもの「がんばりメモ」を増やしていくことで、数カ月後の所見作成の時期にはとっても重宝します。

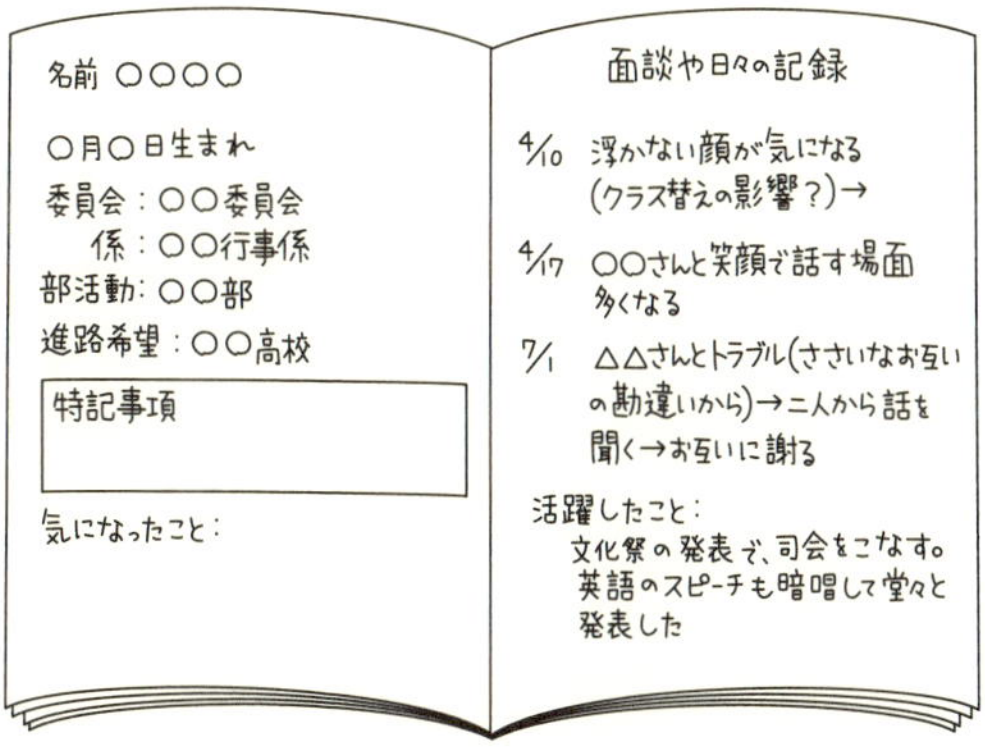

子ども一人ひとりのメモをまとめておく

行事写真から所見を書く

■いざというときの裏技

アイディア17でお伝えしたとおり、学期に一度の所見記入はかなりの労力を必要とします。

小学校の先生は一日中児童と同じ教室にいるので、クラスの児童の良いところやがんばっていたところを見つけやすいと思いますが、中学校の教員がクラスの生徒と一日中一緒にいることは、校外学習などの行事くらいではないでしょうか。

言い換えれば、中学校教員が教科担任制である以上、クラスからクラスへ毎時間のように移動しているので、自分のクラスの生徒と接する時間が小学校の教員に比べてかなり短くなるのです。ともすれば、中学校の場合担任の先生と生徒が朝のホームルームと会って、次に会うのが帰りのショートホームルームになってしまう場合もあります。

そんな中、生徒のがんばりやほめたいところを具体的に記入する所見記入で重宝する、しかもミスのない裏技があります。その方法は、**「学校パソコンに保存されている写真を使う」**というやり方です。

たいていの学校では、学校行事があるごとに大量の写真が撮られます。それは、来年度の行事に生かすための「記録用」の写真から、生徒の集合写真、生徒の活動中の写真まで様々です。広報誌や研究誌などで使う場合もありますよね。また、メインの学校行事の一つである体育祭・運動会では、ＰＴＡの方々も写真を撮ってくださるので、何百枚となります。

どうしても生徒の所見が記入できない場合は、この「学校パソコンに保存されている写真」を利用してみてはいかがでしょうか。写真に写っていることは紛れもない事実ですから、生徒の役割や活動した内容を別の生徒と間違えることもありません（絶対にあってはならないことですが）。

学校に保存されている行事ごとの写真を見ながら、**その生徒のがんばりやほめたい点を思い出し、所見を記入していく**と、事実に基づいた具体的な所見を書くことができますので、一度お試しください。

この子は体育祭で
がんばっていたなぁ
このことを所見に
書こう

写真からならすぐ思い出せる

IDEA 19

■養護教諭絶賛！

1日3分「眠育」で不登校予防①

「眠育」という言葉をお聞きになったことはありますか。不登校や問題行動を眠りの面から考え、睡眠時間やその生活リズムなどをサポートする教育のことです。小・中学生の携帯使用率（特にスマートフォンなど）が毎年上昇している現在、子どもの睡眠時間は減少傾向にあります。また、この流れはインターネットがこれほど普及している以上、変わらないでしょう。

また、長期欠席（年度間30日以上の欠席）者の割合が増加傾向にあり、不登校児童生徒が増えています。少子化の影響で、日本全体の児童生徒数は減っているにもかかわらず、です。データとしては、小学校では1・1パーセントである不登校の子どもの割合が、中学に入ると4・3パーセントに跳ね上がります。

振る舞いや言動などが安定している子どもは、睡眠時間やバイオリズムも安定していますが、そうでない子どもは情緒や授業面での振る舞いに問題があることが多いのは先生方の肌感覚でご存じの通りです。よって、**睡眠の改善**、すなわち**「眠育」**が、問題行動の予防的な取り組みになったり、不登校の子どもの改善になったりします。

小中学校の担任教員にとって、不登校の子どもがクラスに1人いるだけで、学級経営に関する業務は一気に増えます。プリントの整理や家庭訪問、各外部機関との連携も必要ですし、教育委員会への報告もあるかもしれません。その時間と手間は膨大なものになるでしょう。

「どの子も楽しくクラスに来ることができるように、仕事に追われる先生が最大限できることとは**「予防」的に不登校を防止すること、そのためには眠育**」という考え方を学級経営に取り入れ、不登校を予防し、時間を確保する努力をしてみてはいかがでしょうか。

また何より、クラスとしての団結・まとまりを作り、子どもが成長していく上で、全員が学校・学級に登校しているという状態は欠かせないものです。不登校の子どもが出てきてしまう前に、超手短にできる「予防方法」として、私が実践しているワークシートを次の項目で紹介します。

【参考文献】
三池・前田式睡眠改善プログラム（兵庫県立リハビリテーション中央病院子どもの睡眠と発達医療センター　三池輝久・NPO法人里豊夢わかさ理事長　前田　勉）
文部科学省「平成29年度児童生徒の問題行動・不登校等生徒指導上の諸問題に関する調査結果について」

■養護教諭絶賛！

1日3分「眠育」で不登校予防②

私は、担任する全員に左頁のようなプリントを配布し、帰りのショートホームルームで、前日の眠った時間とその日の起床時間、朝食を食べることはできたかなどを毎日記録させています。

小学校時代は8時間から9時間あった睡眠時間も、中学生になると塾や部活動、習い事などの影響で7時間ほどに減ります。7時間程度寝ることができているのであれば睡眠時間が減ること自体は構わないのですが、問題視するのは**「入眠時間と起床時間にバラつきはないか」**です。

健康的な生活を送っている子どもは、その2つがほぼ一定で、安定的な生活を送ります。ただ、2つがバラバラな子どもは、概して情緒不安定であったり、授業中落ち着かなかったりします。あるいは、その学年では落ち着いていても、学年が上がった時に不安定になったり、高校生になって睡眠時間のバラつきによる負債が表面化したりします。この睡眠時間のバラつきは、脳にダメージを与え、脳がクリアな状態で学校に来ることができないため、不登校傾向になる可能性があると思っています。

下のような調査票を使うことで、そのバラつきを完璧に「見える化」することができるので、学級経営の一環として重宝しています。また、学期に何度か行われる子どもとの個人面談や保護者懇談で、子どもの睡眠時間の個票を見せながら、睡眠時間を安定させるよう話をして、不登校予防に努めています。

睡眠の重要性を知っている保護者は多いです。しかし、日々の入眠時間と起床時間を「見える化」することで、そのバラつきは一目瞭然になります。保護者からは「こんなに安定していないとは思わなかった」「土日の起床時間をもっと一定にしたい」などの声を聞くことができるようになりました。

※出典：ＮＰＯ法人里豊夢わかさウェブサイトより（https://rihoumwakasa.jimdo.com/）

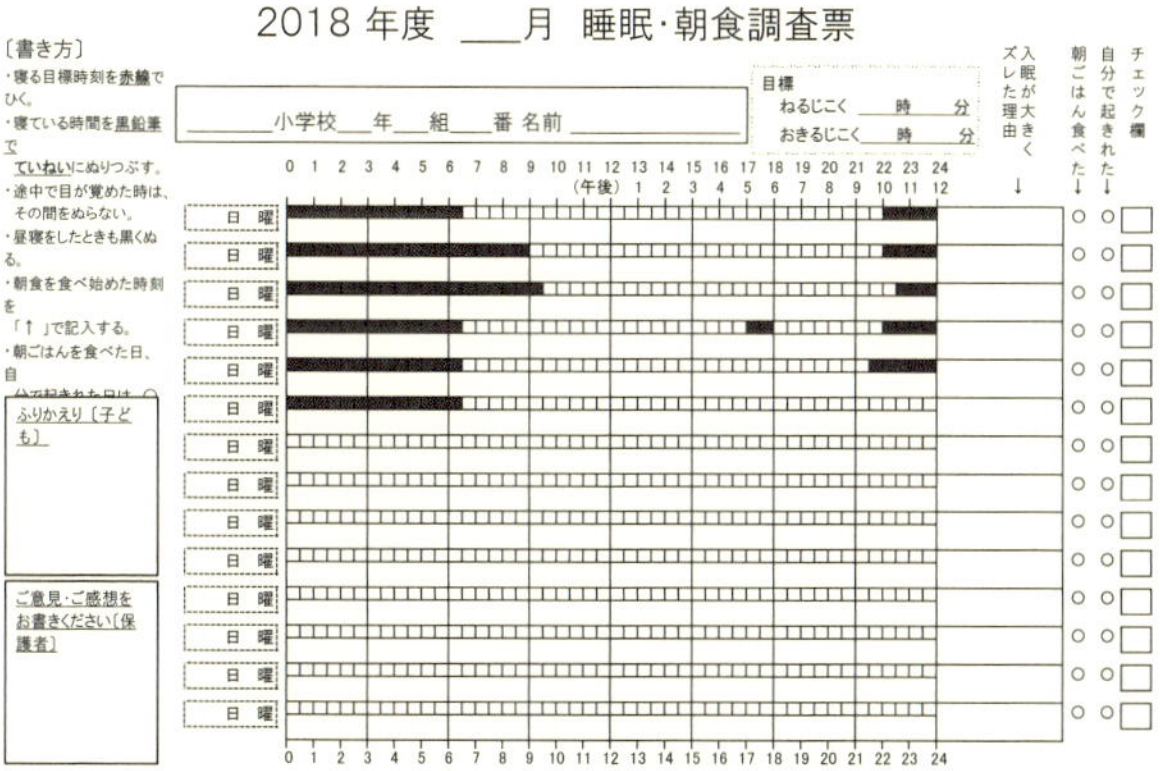

眠育の調査票（記入例）

午前はCreativeに、午後はSimpleに

■時間帯で最適な仕事を分ける

人間、起きたすぐの午前中がもっとも頭の思考が活発で、だんだん疲れていき、午後になるとかなり頭は疲れていきます。夕方になると、ほとんど頭が回転していないと感じられるときもあります。

そこで、**午前と午後でできるだけ仕事の内容を分けるようにしています**（といっても、業務量が多すぎて、そんな余裕がないこともありますが……）。

頭の冴えている**午前中はできるだけ Creative な仕事**をします。

例えば所見の作成。

例えば研究授業の構想。

例えば年間の授業デザイン。

頭が冴えている午前のうちに創造的な仕事をしてしまうのです。

午後になるにつれて、頭の回転はどんどん遅くなっていきます。

例えば、放課後の部活動のあとに緊急的な生徒指導が入るとなると、頭の回転は最悪です。頭のエネルギーを使い切った状態で、先生方が緊急的に部活動のあとに集まって会議を開くのですから。

もちろん、いじめ対応などの緊急的な生徒指導は、早く着手するに越したことはないので、放課後であっても進めていくことが必要です。しかし、コントロールできる範囲であれば、創造的な仕事はできるだけ午前中に回しましょう。

それに対して、**午後はSimpleな仕事**をするようにしましょう。

例えばプリント印刷。

例えば誰がやっても結果は同じになるような事務仕事。

「できるだけ」仕事の内容によって時間帯を変えることで、効率は変わります。

午前は頭を使う仕事

午後はシンプルな仕事

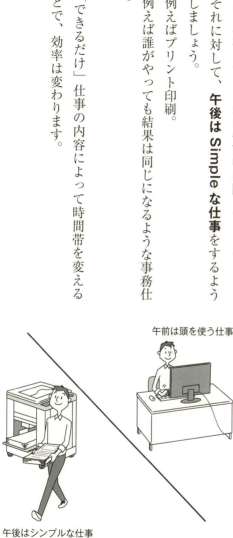

■気づいたときにサッと直して

きれいな姿勢は疲れない

所見を一気に仕上げようと1時間ほどタイピングしていたら、いつの間にか猫背で足を組んだ姿勢で落ち着かなくなってくる……。テストの採点を長時間していたら、首や肩周りが痛くなってきて、無意識のうちに伸びを何度もしていた……。こんな経験、ありませんか？

所見の作成やテストの採点など、教師の仕事で座って行う作業は多いと思います。そうした作業をつづけると無意識のうちに姿勢が崩れ、結果として体が痛くなってしまいます。また、伸びやあくびが出るのは、脳に酸素が回っておらず、集中できなくなっている状態の現れです。

つまり逆に言えば、**姿勢が良くなると血行が良くなって頭に酸素が正しく回るので、集中力が高まり作業スピードが上がる**ということです。日々の作業の姿勢を良くするだけで、具体的な時短のスキルを生かして、作業を効率的に素早くこなすことができるようになるのです。以下のチェックポイントを意識して、長時間集中できる姿勢を作って下さい。

顎を引いて後頭部を首の真上に→モニターやテスト用紙に意識がいくと、あごが前に出てしまい、首や背筋が丸まってしまう

背骨をまっすぐ垂直に立てて少し胸部を前に→背筋を垂直に骨盤に乗せるイメージ

両膝・足は肩幅くらいに開く→足を組んだり遊ばせたりせず、でもリラックスできるように、肩幅ほど開けておく

この3点を意識した姿勢であれば、体の一部に負荷がかかりすぎることなく長時間集中できるので、作業の時短につながります。

しかし、常にきれいな姿勢を保とうとするのはとても大変です。常日頃意識していない先生なら、なおさらつらいでしょう。ですから、「必ずきれいな姿勢にする」と無理に心がけず、**「気づいたときにきれいな姿勢をとる」**ことを繰り返しましょう。それだけでも体の血行が促進されて、集中力が上がり、時短につながります。

きれいな姿勢だと負荷が少ない

机上のモノは最低限に

「ノイズ」を取り除けば能率アップ

先生方の机の上はどんな状態でしょうか。散乱している机や、きれいに整頓されている机、パソコン以外ほとんど何もない机など、先生方の机上は様々ではないでしょうか。

先生方の仕事の仕方にもよりますが、机の上が散乱している状態だけは避けたいものです。私は、あまり机の上に書類やペンなどを極力置きたくないので、すべてファイルや机に片付けてから帰宅するようにしています。**机の上に物があればあるほど、仕事をする上でのノイズが大きくなり、すべての仕事に支障が出る**からです。

先生方の机上をきれいに保つために、以下のようなやり方はいかがでしょうか。

必要なものだけを、整理して置いておく

引き出しごとの役割を決める

一般的な事務机であれば、引き出しごとの役割を決めやすいのではないでしょうか。

私の場合、正面の薄い引き出しは、半分にマグネットで仕切って、左側を「ファイリングはまだせず、あとで参照する必要がある書類」、右側を「通信簿・成績連絡表」としています。

また、右側の三段引き出しに関して、上段の引き出しは、100均ショップのトレーを二つ使用して、文房具の整理を心がけています(トレー二つでぴったり納まります)。中段は、CDの高さと同じなので、CDやDVD、ブルーレイディスクを入れています。また、つめかえ用のテープのりなどもここで保管しています。最後に下段は、もちろんファイルを並べています。

このように、**引き出しごとに役割を決めておく**ことで、だいぶ机周りは整理されます。

ファイルする必要のない書類をPDFにする

自分の校務分掌や教科と直接関わりのない書類（保健だよりや他学年の学年通信など）をどのように保管するかで、机上の整理は変わってきます。直接的に自分と関係のない書類をいつまでも机上においておくと、すぐに溜まってしまうからです。

私は、それらを職員室のスキャナでPDFにしてペーパーレスにしています。**紙媒体として机のファイルにはないけど、パソコンを開けばいつでも参照できる状態で十分**だからです。

足下には「あまり見ない書類」を入れる

■その空間、まだ生かせます

以前、わたしは整理整頓が苦手でした。机の上に乱雑に積み上げられた書類、ボールペンや赤ペンを探して時間をロス、毎日「紙での連絡」に追われ、さらに乱雑になっていく……。あるとき、いつも仕事が早いA先生の机の周りの様子を見て衝撃を受けます。A先生はパソコン以外、ファイルや文房具などあらゆるものを決して机上に置かず、常にスッキリとした状態で仕事をされていました。机上と同じように、頭の中もクリアだったのでしょう。

A先生は教科指導にも秀でており、机上と同じように、クリアな説明を毎日の授業で行っていました。子どもからも「分かりやすい」と評判で、クラスの平均点もとても高かったのです。

それ以来わたしも一念発起し、自分なりに整理整頓を意識するようにしました。引き出しの中に役割を決めるだけではなく、足下のスペースにも工夫して書類や書籍を整理するようにしました。すると、**机周りがきれいになっただけでなく、日々の仕事のしかたや、スケジュール立ての仕方まで、ずっと効率よくできるようになった**のです。

以下では、わたしが取り組んでいる机周りの整理整頓アイディアをご紹介します。まずは、机の足元の工夫から。

「いらない紙」ボックス

日々大量の書類が回ってきますが、中には不要なチラシなども多いはずです。職員室の机の足元にボックスを設置して、不要な紙はすぐに入れ、たまってきたら一括して古紙回収に出します。よく配られる、A4とB4の2種類のファイルを設置しておくと、より楽です。

あまり使わないファイル入れ

複数の担当校務の仕事をしながら、担任の業務を進め、部活動を運営していく……同時進行でいろいろ進める仕事柄、参照すべきファイルも増えていきます。年度を越えて引き継ぐものを足すと、管理するファイルが20を超えることも。

すべて机上に並べたり、引き出しに入れたりしていては、管理も大変ですし、すっきりしません。過去のものや使用頻度の低いファイルは、足下のスペースに収納しましょう。ボックスを用意して、「校務」「授業プラン」などと区分けしておくことで、いざ取り出すときに素早く参照することができます。

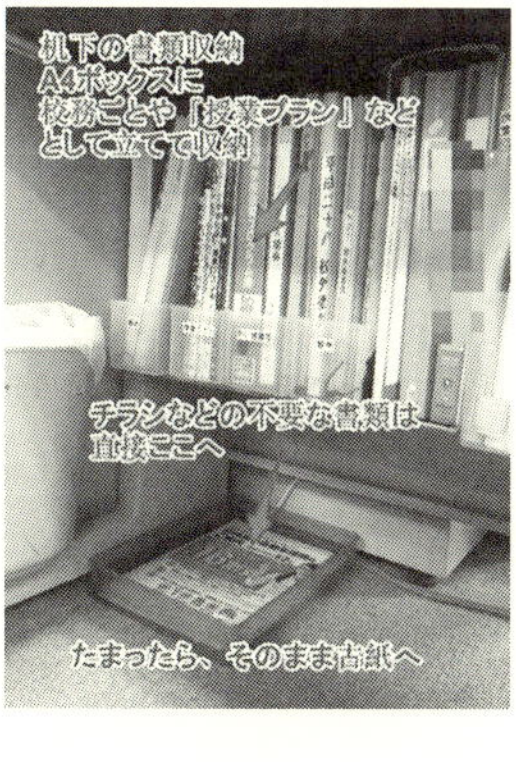

机下の書類収納
A4ボックスに
校務ごとや「授業プラン」など
として立てて収納
チラシなどの不要な書類は
直接ここへ
たまったら、そのまま古紙へ

IDEA 25

整頓は「引き出し」の使い方で決まる

■区切りとルールで明確化

足下に普段使わないファイルや、不要な紙を入れるスペースを設けることで、机上はだいぶすっきりして、書類がたまりにくくなってきます。さらに、机上をシンプルかつ使いやすくするために、いくつかのアイディアをご紹介します。

机上の文具は最小限に

毎日使う文具は、それほど多くありません。採点で使う赤ペンやはさみ、定位置で使うパンチやテープなど、**最低限の文具だけを机上に出しておきます**。机上の作業スペースを確保することで、作業スピードが上がります。

上の引き出しには整理して文房具を

文房具の整理整頓は、教師にとってマストのスキルです。机上には最低限の文具だけ置き、それ以外のものは整理して引き出しに収めます。写真

は一例ですが、自分が使いやすく、すぐ見つけられるようにしておきましょう。**文具や書類など、なにか物を探している時間は、何も生み出していませんので、絶対的に時間のムダです。**

ちなみに、私は特に赤ペンにこだわりを持って文房具を用意しています。おすすめの赤ペンは「ぺんてるサインペン」と「プラチナ万年筆のソフトペン（インクカートリッジ式）」です。ぺんてるサインペンは予備としてたくさん用意しておいています。

手前の引き出しは動きのある書類を

「○日までに提出・報告してください」という書類や仕事、つい忘れがちです。ファイルに入れてしまうと、保管場所を忘れてしまうかもしれませんし、机上に置いておくと机上の整理ができなくなります。

そこで、**机の手前の引き出しは「一時保管場所」**と決めて、クリアファイルなどに入れて保管するようにしています。また、この引き出しはたいてい金属製ですので、マグネットで区切り2分割または3分割すれば、スッキリと書類を収納できます。書類の居場所を決めることで、急ぎかどうか、どこにあるかを明確にして探す時間を省きましょう。

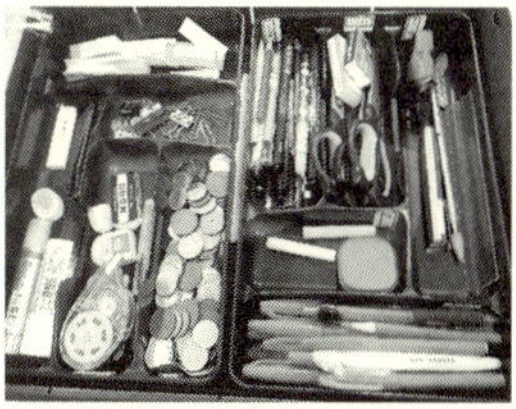

■こまめな整理は手間なだけ

いちいち書類をファイルしない

学校では、日々大量の書類・文書が机に配布されます。授業を1時間して職員室に戻ってきただけで、大量の文書が机に載っている、という場合もあります。

○学年だより
○学級だより
○保健だより
○給食だより
○部活だより
○PTAに関する書類
○校務に関する書類

これらをはじめとしてファイルし、いつでも参照できるようにしておく必要があります（とはいえ個人的には、大切な文書以外は全教職員の机に配る必要はなく、PDFにしておいて、必要な教員がパソコンで参照すればいいと思っています）。

各種文書をファイルに整理する方法に関しても、一工夫して時短を目指しましょう。

頻繁に、大量に配布される書類をファイルする際に大事なのは、**「こまめに文書に穴を開けない」**というテクニックです。

きちんと整理しようと思うと、都度ファイリングを心がけたくなるかもしれませんが、①文書が机に載せられる→②空き時間に穴あけパンチ→ファイルに綴じる→③授業に行く→①'文書が机に載せられる→②'空き時間に穴あけパンチ→ファイルに綴じる……完全に時間の無駄です。

文書のファイリングで時間を取られないために、文書をもらったら「穴を開けずに」該当ファイルにつっこんでおきましょう。ファイルに文書が溜まってきたな、と思ったら、一気にパンチで穴を開けて綴じればいいのです。

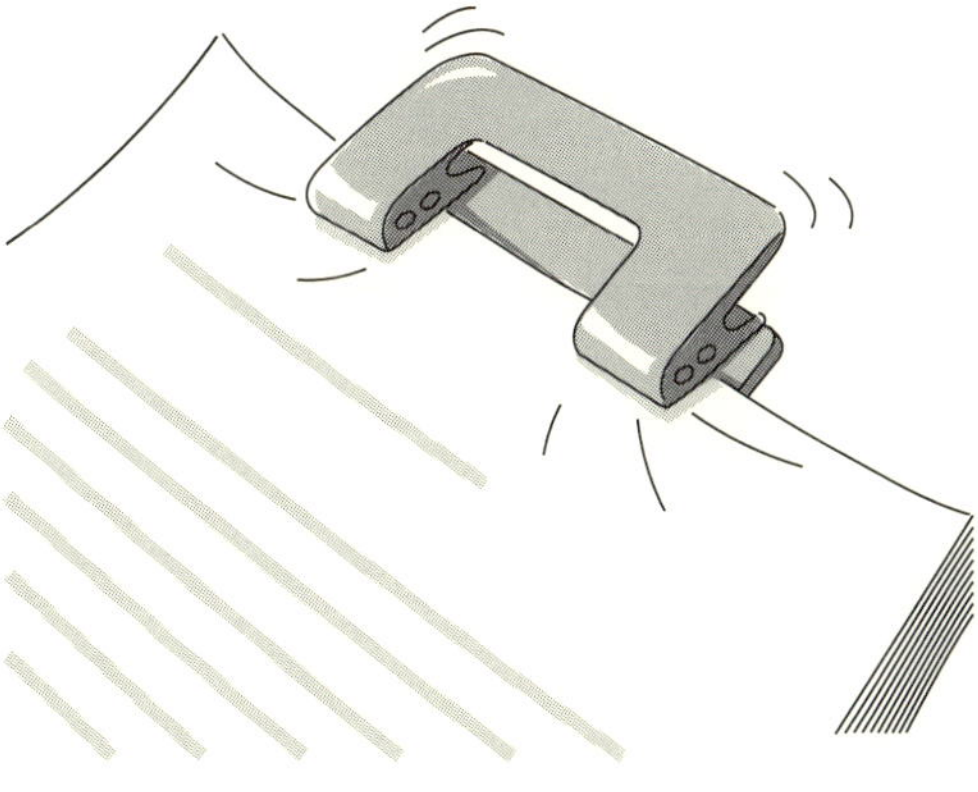

たまってきたら、一気に穴をあけて綴じる

基本のＥｘｃｅｌ術

■これだけは知っておきたい

教員の仕事、特に事務処理をする上でＩＣＴは欠かせません。特に、マイクロソフト社の表計算ソフトExcelや、ワープロソフトWordは、多くの先生が使っていると思います。そういったソフトを成績処理や通知表作成、アンケートの処理等々、多くの業務で使っていることと思います。複雑なマクロを組む技術を全員が持つ必要はありませんが、**簡単なグラフを作ったり、セルを出席番号順に並べたりできると、ぐっと仕事が早くなります。**

「&」でセル同士をつなぐ（Excel）

通知表で、学級の仕事である「○○係」を入力する場合があります。そのときに、○○「係」と一つひとつ入力していくのは、結構手間がかかります。

そこで、一旦「○○係」の「○○」に当たる部分を全員分入力してしまい、「係」を隣のセルに入力し、「係」と入力されたセルを人数分作ります。Ａの列に係の名前である○○、Ｂの列すべてに「係」と入力し、Ｃの列に**「=A1&B1」**と入力すれば、「○○係」と入力されたセルができあがります。

そして、C列のセル右下をドラッグして列の一番下まで引っ張れば、一瞬ですべての児童生徒の「○○係」というデータができあがります。

名前や用語の辞書登録

特に小学校の先生は、学年通信や表彰状など、児童の名前が入った文書を作る機会が多いです。その都度名前を1字ずつ入力すると時間がかかりますし、間違いも起きやすくなります。それに、最近は一回の変換では出てこない漢字を使っている児童生徒も多くいます。

そこで、4月の学期はじめの時点で児童の名前を、できれば**学年全員分、辞書ツール**（Microsoft社のパソコンの場合）**で一括登録してしまう**と便利です。児童の名字を入力すれば名字と名前が一瞬で入力されるように登録しています。さらに、たとえば「机間指導」「所見」など、**学校でよく使う読み方の語も辞書登録**しておくと、作業スピードが上がります。

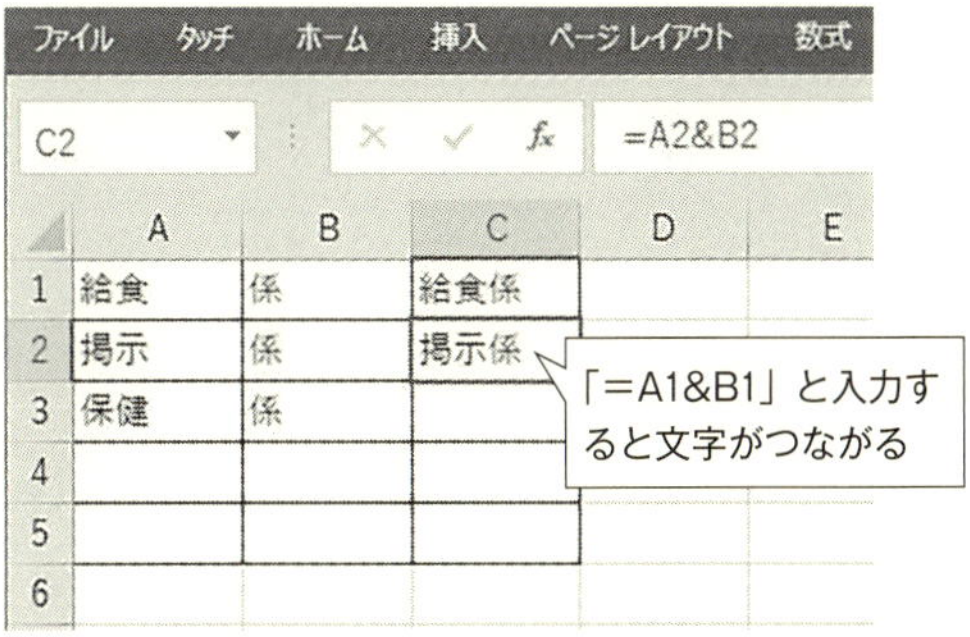

■これだけは覚えておきたい

ショートカットキーで仕事を倍速に

パソコンは仕事上欠かせませんが、操作で苦労されている先生もいらっしゃるようです。特に感じるのは、ショートカットキーを使っていない先生が意外と多いこと。**ショートカットキーをいくつか使えるかどうかで、作業スピードは全く違います**。

以下に、教員の使用頻度が高いショートカットキーをピックアップしたので、ぜひ覚えて使ってみて下さい（Windowsを想定）。慣れてきたら左手でショートカットキー操作をしながら、右手でマウスを操作できるので、作業スピードがさらに上がりますよ。

Ctrl＋Cで「コピー」、Ctrl＋Vで「ペースト」

画像・文字・ファイルなどをコピー、ペーストできる定番のショートカットキーです。わたしは左小指でCtrlを押しながら左人差し指でCを押し、ペーストするときは左人差し指をVに移動させます。マウス操作よりも断然速くミスが少ないので、必ず覚えましょう。

週案作成の場面で、教科名や会議名などの同じ文字を、Excelファイルの別のセルや別の箇所に貼り付けたいときなどにとても便利です。

Ctrl＋Aで「全選択」

複数の対象をすべて選択するときに使えるショートカットキーです。マウスをドラッグ（押したままにする）して選択する方法もありますが、それより早くて確実です。例えば、Wordやメモファイルで使用すれば、テキスト全体を選択できます。

Ctrlを押しながら複数回クリックで「複数選択」

複数の対象を選択することができます。行事の後に「学年通信」や「学級通信」に掲載するために、写真をピックアップする時など、一つひとつコピーしてペーストするより、このやり方で複数の写真を選んでいけば、ずっと早くできます。

Ctrl＋Sで「上書き保存」

WordやExcel等のファイルを上書き保存できます。マウスで選んで操作するよりもずっと早く、一瞬で終わります。授業や会議直前でも、時間のぎりぎりまで作業ができて便利です。

パソコン周辺機器をバージョンアップ①

■少しの投資で驚くほど能率アップ

現在の教師の仕事をする上で欠かせないツールの一つがパソコンです。ほとんどすべての学校で、1人1台のパソコンを使用していると思いますが、本当に時短しようと思ったら、パソコン周りも充実させたいところです。

支給品のデスクトップのパソコンやノートパソコンは、機能が最低限で、使い勝手も多くの場合今一つ。ですから、周辺機器を充実させることで、能率が向上します。

以下で、私が事務仕事を時短する上で重宝しているものを紹介します。どれもネットショップなどで簡単に手に入ります。**数百円から数千円のパソコン周りへの「投資」で向こう何年間も時短できると思ったら、安いものです**。ぜひ参考にしてください。

使い勝手のよいキーボード【デスクトップ型パソコンのみ】

キーボードの使いやすさは、入力の速さに影響します。特に中学校で最高学年の担任をしていると、入試のための書類が膨大で、多くの所見を書く必要があります。

残念ながら、打ちにくいキーボードと打ちやすいキーボードがあることは事実です。以前、支給されたキーボードが打ちにくく、新しいものに取り替えたことがあります。さほど高価なキーボードではありませんでしたが、タイピングしやすく、入力の速度が上がり時短につながりました。

コードレスマウス【デスクトップ型・ノート型両方】

デスクトップ型・ノート型どちらの場合も、マウスは支給されていると思います。ただ、支給されるマウスはコードつきで、机上がすっきりしません。高機能のコードレスマウス（といっても1000〜3000円程度です）には複数のスイッチがあり、機能性が格段に向上しています。

私のお勧めは親指にスイッチが2つあるタイプで、フォルダの参照やインターネットの検索など、「戻る」「進む」の作業が圧倒的に早くなります。

パソコン周辺機器をバージョンアップ②

■少しの投資で驚くほど能率アップ

マウスやキーボード以外にも、パソコンの作業能率を高める機材はいくつかあります。使い勝手や整理のしやすさなどから、以下もぜひ取り入れてみてください。

テンキー【デスクトップ型・ノート型両方】

生徒・保護者・教員対象など、最近様々なアンケートが増えています。授業の満足度のアンケートや学校評価アンケートなど、その種類は多岐にわたりますが、その入力のときに重宝するのがテンキーです。慣れるまでは時間がかかるかもしれませんが、慣れてしまえば手元を見ることなく、画面を見ながらスピーディに入力できるようになります。最も手に入れておきたいパソコン機器の一つです。

コードをまとめるクリップ【デスクトップ型・ノート型両方】

私はできるだけ机上をすっきりさせたいので、パソコン周りの機器はコードレスでそろえています。しかし、パソコン本体の電源コードや固定電話のコードなどはどうしてもコードレスにならないので、クリップできれいにまとめるようにしています。コードを気にせずさっと机上を拭き取ることができますし、机上が整頓されていることで、書類の整理や事務作業がはかどり、様々な面で効果的な時短につながります。

USBハブ（カードリーダー付き）【ノート型におすすめ】

パソコン内臓のUSBコネクタがUSBメモリなどですべて塞がっていると き、ハブでコネクタの数を増やしておくと、何度もUSBメモリを抜き差しする手間と時間を省くことができます。特にノート型パソコンを使用している場合、パソコン内臓のUSBコネクタの数が少ない場合があるので、ぜひ手に入れましょう。

おすすめは、USBコネクタとカードリーダーが両方使用できるタイプです。行事の写真を撮って、SDカードでパソコン内にそのままデータを取り込むこともできます。

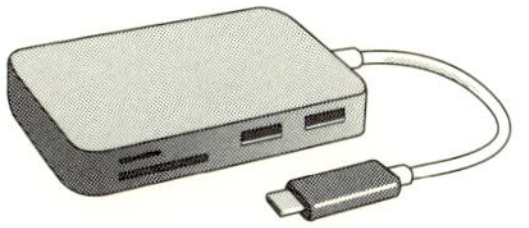

テスト業務は事前・事後に分散

■できるだけ一時期に集中させない

年中忙しいのが教員ですが、**特に忙しくなる時期や業務を考えて、それらを夏休みや春休みなどの休業中に「ならす」意識**も大切です。

例えば、テスト作成業務です。通常業務である教科指導（授業）や学級経営に関する業務に加えて、この業務が加わると、その忙しさは目も当てられなくなります。そんな業務をできるだけ時間のあるときにこなしていけるような学校システム作りをしましょう。

定期テスト作成は、かなり負担になっている先生が多いのではないでしょうか。小学校では業者プリントで成績と関連づけできる場合も多いですが、中学校では毎回テストを作る必要がありますし、学習指導要領の改訂に応じて授業内容が変われば、以前のものの使い回しもできません。

私が勤務していた中学校では、以下のやり方でテスト業務の負担軽減を図っていました。

テスト作成者を年度当初に決める

4月の教科会で、年間分のテスト作成者と範囲を決定してしまいます。これにより、夏休みや春休みなどの授業がない日にテストを作ることができ、業務を「ならす」ことができます。テスト範囲も同時に決めてしまうので、テスト直前になって先生方がテスト範囲を打ち合わせする必要もなくなります。

テストの日に次のテストの検討会をする

例えば、1回目の中間テストが5月20日にあったとします。その日の午後に2回目のテストである期末テストの検討会（テストの問題が適切であるか先生方で話し合いを持つ会）をしてしまいます。つまり、1回目のテストの日に、2回目のテストをほぼ作ってしまいます。

それにより、テスト直前に先生方で教科書の進度が違うという事態を避けることができますし、次のテストの内容を分かった状態で授業できるので、次のテストまでにつけるべき力を逆算して授業を進めることができます。

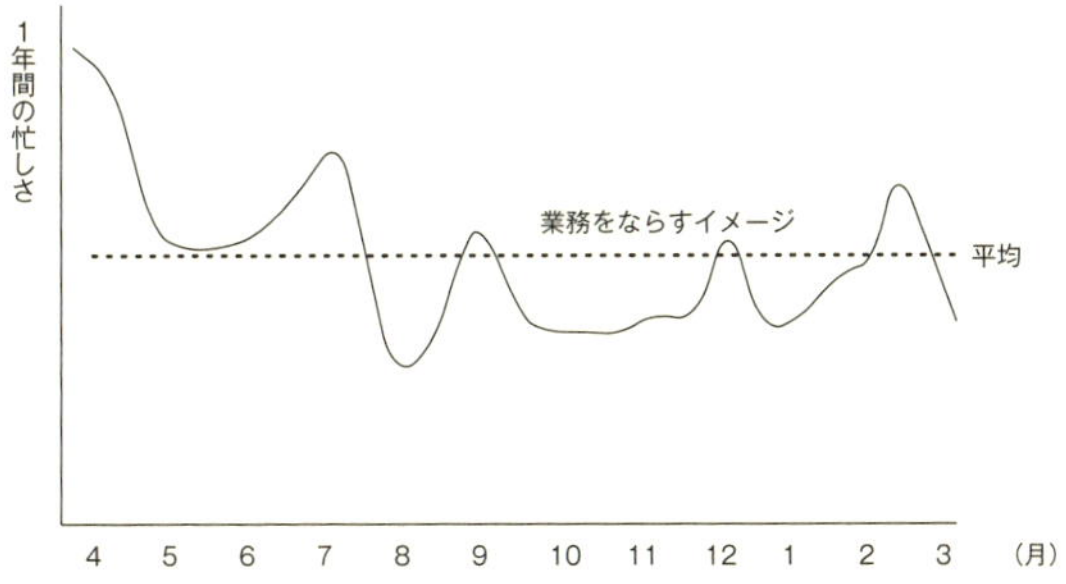

後任の先生が困らない引き継ぎメモ

■新年度の「困った」をなくす

学校現場での4月初めの忙しさは、尋常ではありません。

3月には、離任式でその学校に慣れた先生方をお見送りし、4月には新たなスタッフを迎え入れて、その先生方に学校の説明から入らなければならないからです。学校によって生徒指導や教科指導の方法や研究内容は違うでしょうし、前の学校にはなかった校務分掌が、新しく赴任された先生に当たっているかもしれません。

問題になってくるのが、離任された先生が受け持っていた校務分掌や部活動が、新しく赴任された先生の受け持ちになった場合です。新たに赴任されてきた先生にとっては、まったく知らない学校で、前年度担当した先生がいない校務分掌を受け持つことは大変苦しいことです。分からないことは、周りの先生や管理職の先生に質問すれば、ある程度の回答は得られるかもしれません。しかし、現場の先生方は日々の授業や部活動に精いっぱいで、他の先生が担当していた校務分掌のことまで事細かには説明できません。

結果的に、**なじみのない学校でなじみのない校務分掌を受け持つことになり、不要なはずの**

四苦八苦の末、長時間勤務を強いられる可能性が出てきてしまいます。

そんな問題を解決する方法が、校務分掌のフォルダに、**「引継ぎメモ帳」を作る**ことです。パソコンの「アクセサリ」の中には、「メモ帳」というアプリ・ソフトが入っています。その「メモ帳」ソフトに、その校務分掌の仕事内容や方法、注意点、業者が関わっているのであればその連絡先などを記録していくのです。

誰が見ても分かる言い回しで記録していき、自分が来年度異動になって、新しく赴任してきた先生がその分掌を受け持つことになっても困らないように、1年間をかけて記録していきます。

「Word」や「Excel」で作っても構いませんが、この「メモ帳」は何といっても軽くて起動が速いのが特徴です。Word や Excel の立ち上がりは遅いときがありますが、そのストレスが一切なく、保存も瞬時に行ってくれるので、忙しい先生方が「超短時間で校務分掌についてメモしておきたい」ときにぴったりなのです。

引き継ぎメモがあるだけでぐっと楽になる

時間外の「お茶」と「おしゃべり」は控えて

■ついつい話してしまいがちですが……

学校では、日々様々な活動が行われています。小学校では45分、中学校高校では50分毎に違う授業が行われますし、「総合的な学習の時間」には時期によっていろいろな活動が企画されています。中学校・高校では部活動が盛んな学校もあって、**児童生徒をいろいろな面から見ることができるのが学校というコミュニティ**なのです。

先生方は、そんな種々ある児童生徒の側面を「おしゃべり」するのが大好きです。学校教員という職業は、子どもが好きでないとできない仕事だと思っています（好きなだけではできないとも思っています）。大好きな子どものことを、先生方は職員室でお茶やコーヒーを飲みながらいろいろと話をするわけです。

「○○くんは英語の時間にノートをきれいにまとめていた」
「○○さんは美術でとてもきれいな絵を頑張って書いていた」

など、その話題は尽きません。そして実際、それを職員室で話すのは楽しいものです。

しかし、**そういった話を「勤務時間外」に長々とするのは考えものです**。子どもたちの頑張ったことを担任の先生に報告したい思いはとてもよく分かる（自分も好きです）のですが、話しかけられた先生には、もしかすると保育園で待っているお子さんがいるかもしれません。あるいはその日は家族の誕生日で、早く帰ろうとしているかもしれません。

前述のような子どもの頑張っていた報告は、かんたんに付箋に書いて渡せばいいのです。わざわざ相手の時間を奪って、報告することではないと思っています。それは、独身男性、お子さんのいる先生などのライフステージは関係ありません。事情は先生方それぞれなのですから。

自分や相手の時間ロスを最小限に抑えるために、「職員室で子どもの話をする」という、何気ないところも気をつけたいものです。

いやー、今日先生の
クラスの○○くんが
がんばってましてねぇ…
今日は早く
帰りたいん
だけど…

IDEA 34

ムダのない職員室移動

■キーワードは「ついでに！」

あの用事・この用事と何度も席を立って忙しく動いているつもりでも、たいして仕事が進んでいない時ってありませんか？

校長室に行って席に帰ってきたら、また別の書類を手にとって教頭先生の机に提出に行って……と動くと、時間はいくらあっても足りません。

仕事を時短する上で、空き時間や放課後での、**先生方の職員室の「動き」をもう一度考え直してみてはいかがでしょうか**。キーワードは、ずばり「ついでに！」です。

例えば、印刷したワークシートをプリンターに取りに行く「ついでに」、机上のゴミ（いらなくなった付箋や消しゴムのカスなど）を途中のゴミ箱に捨てる。

例えば、クラス分のワークシートを印刷機で印刷する「ついでに」、同じ空き時間だった先生とクラスの情報を手短に交換する。

例えば、教頭先生に文書を提出する「ついでに」、隣の教務主任の先生と行事の日程などの打ち合わせをする。

例えば、印刷機で一緒にプリントなどを印刷する「ついでに」、授業の進め方の情報交換をする、校務分掌の根回しをしてみる。

例えば、事務の先生に旅費請求の文書を提出する「ついでに」、別の書類も提出する。

という具合に、**一度椅子から立ち上がって用事を済ますついでに、もう一つ、二つの仕事も済ませてしまうのです**。

学校の職員室は、大規模校になればかなり広いです。一度立ち上がったら、そのついでに色々と用事を済ませて、無駄なく職員室を動き、時短しましょう。

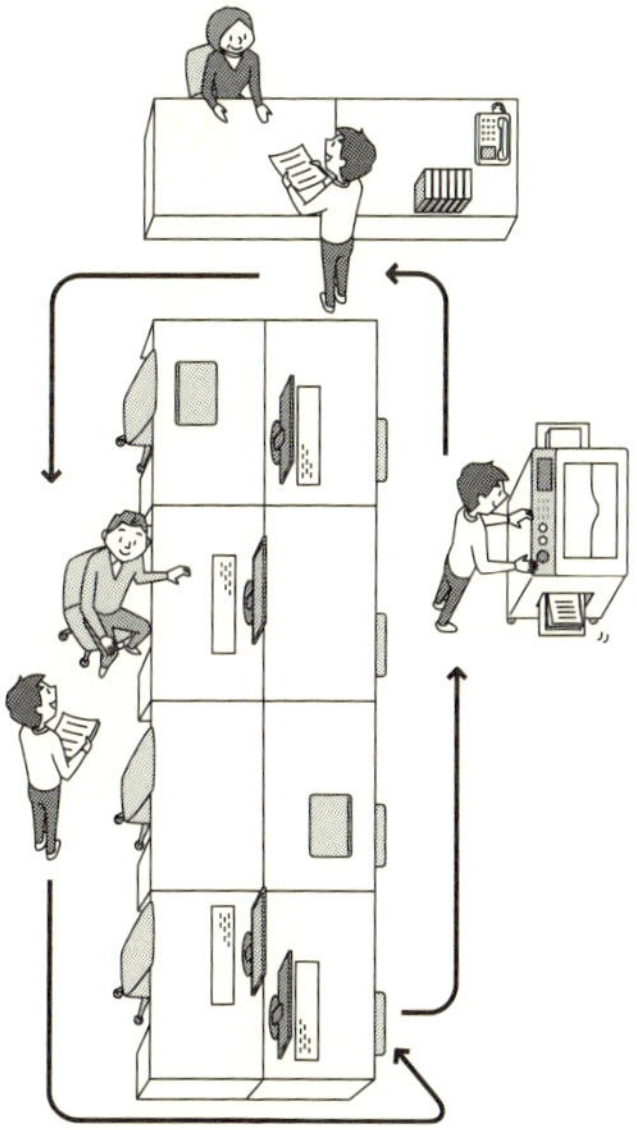

一度の移動で用事は一気に済ませる

■スキャナと共有フォルダをフル活用

もうやめよう　書類の回覧

空き時間や放課後、職員室にいると様々な文書が回覧されてきます。研修の案内や労働組合に関すること、保険の情報など、教員の仕事とは関係のないものもあります。

それらすべてに「読みました」チェックをつけて、別の教員に回覧しますが、チェックのついていない（まだその文書を読んでいない）教員が不在だったら、文書を自分の机で管理しなければならないこともあります。集中してクリエィティブな仕事（所見作成や研究授業の指導案作りなど）をしているときに文書が回ってきたら、集中力は切れてしまいます。

そんな状況を打開するために、**担当が全て書類をスキャンして、学校の共有フォルダに放り込んでおいてはいかがでしょうか**（もちろん、書類の情報を職員に周知する必要はありますが）。そのメリットを三つご紹介します。職員室にこのシステムを導入できれば、他の先生方を含めてかなりの時短効果が期待できますよ。

①いつでも誰でも見ることができる

文書を紙媒体で管理・回覧したら、先生方がその文書を見るのはそのときだけです。「この前回覧で回ってきたあの研修って、いつだったかな……」と思っても、そういうときに限って、担当の教員が不在で質問できなかったり、保管場所が分からなかったりします。データで保存してあれば、いつでもその文書を確認できるので、時間も手間も節約できます。

②保管・管理が容易

回覧する文書を「研修」「組合」「保険」などと名前をつけて管理しておけば、保管・管理が容易になります。年間通してどんな文書があったのかひと目で分かりますし、次年度その校務分掌を担当する教員も、仕事の全体像把握につなげることができます。

③回覧で集中を妨げられない

集中して仕事をしているときに回覧文書が回ってくると、集中力が途切れがちです。回してくれた先生にお礼を言わなければいけませんし、場合によっては立って受け取るときもあるでしょう（以前、先輩の先生から回覧文書を座ったまま受け取ったら叱られたことがあります）。スキャンしておくだけで、そういった集中ストップを防ぐことができます。

■紙と時間を節約

職員会議を長引かせない秘策

どの学校にも月1回程度、部活動など放課後の活動を停止し、先生方が集まって職員会議を開いているのではないでしょうか。４月上旬の新年度開始前となれば、その回数は増え、年間の指導計画や行事計画も議題に挙がるため、資料も膨大なものになります。

私が経験した職員会議で資料が最も多かったときは、１２０ページにも上りました（職員数は50名だったので、資料だけで６０００枚分！）。すべてを終えたときは６時間が経過していました。会議時間自体も長いですし、資料準備だって相当かかります。

６時間という常軌を逸した時間も問題ですが、どれだけの先生が最後まで集中できていたのでしょうか。またそんな状態で決まった内容に、どれほど信頼性があるのでしょうか。

長丁場になりがちな職員会議ですが、短く、能率的に行うために工夫してみましょう。

会議資料はすべて電子データで配布する

私が経験した職員会議はすべて、①事前にその議題を担当する先生が資料をパソコンで作る

授業づくり
学級経営
仕事術
職員室

↓②空き時間に職員数だけ印刷↓③教務の先生に預ける↓④会議直前に手の空いている先生方で資料を拾い上げまとめる　という流れでした。この②～④を一気に省略するのです。

事前に教務担当の先生が「第○回　職員会議」という名前で共有フォルダを作成し、各担当の先生が資料をPDFで放り込んでいくだけ。会議当日、ノートパソコンを持ち込み、パソコン画面で資料を見ながら会議を進めます。印刷の費用も手間も、大幅に削減されます。

また、共有フォルダに入れておくので、あらかじめ先生方も目を通しておくことができ、当日読み込む時間を節約できます。

資料は事前に配布しておく

電子データで配付する利点の一つが、事前に資料を確認できることですが、制約上難しい学校もあるでしょう。その場合の工夫として、事前に提案資料を配付することも有効です。

これによって、全職員が集う会議の場では手を挙げて発言できなくても、会議前の段階で担当者に意見を言えたり、質問できたりするので、議論の内容自体も充実します。それによって、話し合う内容が明確になり、議論がずるずると伸びることを防げます。これだけで、かなりの時短効果を期待できるでしょう。

■会議で負担軽減&時短

学年会議の能率化

学級のまとまりは言うまでもなく大切ですが、「学年」のまとまりも大切です。同学年間で指導方法や特別活動、行事の進め方等にばらつきがあっては、時短どころではなくなります。また、「あの先生は厳しいけど、この先生は優しい、ゆるい」という意識が子どもたちに広がって、不信感につながり、問題行動が起きる可能性が高くなります。

しかし、**学級担任と学年主任、副担任などの先生方が学年の状態を共有し、「誰がどのクラスに行っても授業・指導できる」状態にあれば、一気に先生方の負担は軽くなります。**

その鍵となるのが、**「学年会議」**です。たいていの学校で行われていると思いますが、子どもの様子や気がかりなこと、学校行事の確認や仕事の割り振り、中学校3年生であれば進路についてなど、学年に関わる多くの内容を検討し、共通認識をつくる場です。

学年の事柄への共通認識をしておけば、個々の問題について話し合いをすることが減り、負担が軽くなります。ここでは、学年会議での負担軽減と時短を目指した工夫を紹介します。

会議の場で初めて目を通す資料を0にする

アイディア36で言及した職員会議と同様、会議が始まって初めて目を通す資料が多ければ多いほど、先生方の時間はなくなります。会議の場で「この資料をご覧ください」と説明し始めたら、その資料を理解するのに貴重な時間がとられます。

資料に目を通す時間は、会議前に個々でできることであり、会議の場ですべきことではありません。資料を作成するのにかかる時間は、いつ提出しようが変わりません。ならば、資料を早めに作成してしまい、先生方に事前に目を通しておいてもらうのです。

学年主任が会議をきちんとリードする

会議の個々の議題にかける時間配分や内容を俯瞰的に見ることができるのは、学年主任だけです。序盤の議題で時間を使いすぎたり、漫然と進めてしまうと、予定時間内に終えることができず、最悪の場合、勤務時間外に会議を開くような事態にもなってしまいます。

それを防ぐために、**学年主任は必ず事前に予定する議題や、その進め方を確認しておきましょう**。議題を割愛したり、重点的に話し合うべき事柄がある場合もあるでしょう。それを判断できるのも、学年主任だけなのです。

■みんなでやれば効率的・効果的

教科指導は「個人商店」から「商店会」に①

「学級王国」という言葉が、かつて聞かれました。「担任が中心になって、あたかも担任が王様のようにふるまうこと。担任の影響力が大変大きいこと」を意味するこの言葉が、私は本当に嫌いです。互いに先生同士が干渉することなく、有能な先生方の素晴らしい実践が広まる可能性が全くないからです。

また、各先生方があたかも「個人商店の社長」のような仕事の仕方をしていては、先生方の業務負担は減ることはないでしょうし、有能な先生方の実践が広がることもないでしょう。

今まで「個人商店の社長」だった先生方が教科内でまとまりを強め、**教科内の先生方がたくさん集まった「商店会」**を作るイメージで時短を目指してみてはいかがでしょうか。

教科でワークシートを共有する

先生方の教科で、ワークシート（授業で使うプリント）の共有はできていますか。

おすすめしたいのは、**共有フォルダ上にすべてのワークシートをデータで入れておき、先生方が見たい時に見られて、加工したいように加工できる環境を作る**方法です。学校は同じでも、クラスによって子どもの学力や実態は変わりますし、授業の方法次第で少しだけワークシートを加工したいときがあります。そんなときに紙のワークシートで共有していたら、加工することができません。一括してデータで保存しておくと手直しができて授業で使えるので、一気に先生方の授業負担は減りますし、自分用のカスタマイズもしやすくなります。

テストの作問を「観点別」にする

中学校では、大きなテストが年間5回程度あります（中間テストや期末テストなど）。その採点だけでもかなりの時間を要するので、採点や点数入力を見据えて作問を考えてみてはいかがでしょうか。具体的には、**観点別にテストを作問する**、という方法です。

例えば私は、英語のリスニングは必ず第1問、読み取りに関することは第2問と第3問としています。そうすることで、パソコンへの点数入力の負担が大きく減り、負担が大幅に減ることになります。先生方で、毎回数十人（多い時には100人以上）のテストを採点するので、これを教科内でまとまって行うことができたら、大きな時間の節約になります（アイディア7・8の採点についてもご参照下さい）。

IDEA 39

教科指導は「個人商店」から「商店会」に②

■みんなでやれば効率的・効果的

前述のアイディア38の通り、時短を考える上で、「教科としてのまとまり」は欠かせません。個人商店が点在している学校組織を早く止めて、先生方が教科という商店会に入ることで協力し、負担を軽くするようなイメージで仕事をしていくのです。

過去のテスト問題はすべてデータで保存

問題・解答・解説を年度ごとにデータで保存しておく方法です。紙で保存してもいいのですが、紛失の可能性がありますし、いつでも見られるようにデータ保存するのが最適です。**年度ごと、学校ごとにデータで問題データを管理し、クリック数回でいつでも先生方が印刷できる環境を作り上げるのです**。私が勤務していた学校では、年5回ある定期テスト（中間テストなど）も必ずデータで保管し、次年度の先生が参照しやすいようにしていました。

特におすすめなのが、入試問題のデータです。中学校で5教科（国語・社会・数学・理科・英語）を教えていると、高校入試は避けて通れません。その形式は都道府県によって様々ですし、公立・私立によっても問題が異なります。高校入試が近づいてくると、多くの先生が過去の問題を生徒に渡して、解かせ、解説を行いますので、すぐ使えるようにします。なおこの場合、著作権上の問題がないかどうかチェックしておきましょう。

科の仕事を「スクラップ」できるか見直す

ただでさえ、学校は毎年のように文部科学省や自治体教育委員会から業務を「ビルド」されます。業務の効率化を目標に、スクラップ＆ビルドを実施できれば言うことはありませんが、**現在の教育現場は「ビルド＆ビルド」と言わざるを得ません**。

そんな中で、教科としての仕事だけでも「スクラップ」する方向で考え、できるだけ**外部に任せられることは外部に任せていく**方向で考えてみてはいかがでしょうか。

例えば、英語科の仕事にしばしば「英語検定マネジメント」があります（自分も何回も担当しました）。英語検定の二次試験などを受験する生徒のために、昼休み・放課後の時間を使って、面接指導をしたり、スピーキングの練習をしたりします。生徒の力は間違いなく伸びるので、意義がないとは言いませんが、授業の充実などの本分にもっと時間を割くべきです。もし、自分の科にそういった仕事があるのであれば、見直しを考えてみてください。

■職員室だけじゃない、教材教具の整理場所

「教科準備室」のススメ

授業で使う教材や教具が多い教科ほど、職員室以外の**「教科準備室」**を持つべきです。授業では、熱心に準備していくと、準備物や配布物が多くなってきます。他の教材・教具も含めて、共有したり来年も活用したりしたいものですが、ものが増えれば増えるほど、管理が難しく、どこに置いたか分からなくなってしまい、作り直しをする羽目になることも。

効率的に授業を先生方が行うために、準備室を設けてみてはいかがでしょうか。職員室に教科のロッカーなどがあるかもしれませんが、職員室以外のスペースを確保することで、教材・教具や年間で使うプリントを整理することができ、教材準備の時短につながります。

おそらくほとんどのすべての学校に「理科準備室」があると思いますが、実験器具や薬品などがきれいに整理されていると思います。あのイメージで、**各教科の準備室を持ち、教材・教具や年間で使うプリントなどを整理し、先生方がこれからどのくらいの教材を使うのか、残っているのか「見える化」しておくのです。**

もし単独の科での教科準備室の確保が難しければ、国語科と英語科でタイアップした「文

系」準備室という名目で場所を確保するという可能性や、職員室の一角を使わせてもらうという方法も考えられます。

また、各学級の人数や時間割をそこに掲示しておけば、様々なものをさっと整理整頓できたり参照したりできるので、時短につながるでしょう。

少子化が進む現在、多くの学校でクラス数が減って、「空き教室」ができることが予想されます。その空き教室を利用したり、校内の倉庫をリノベーションしたりして、科の準備室を考えてみてはいかがでしょうか。

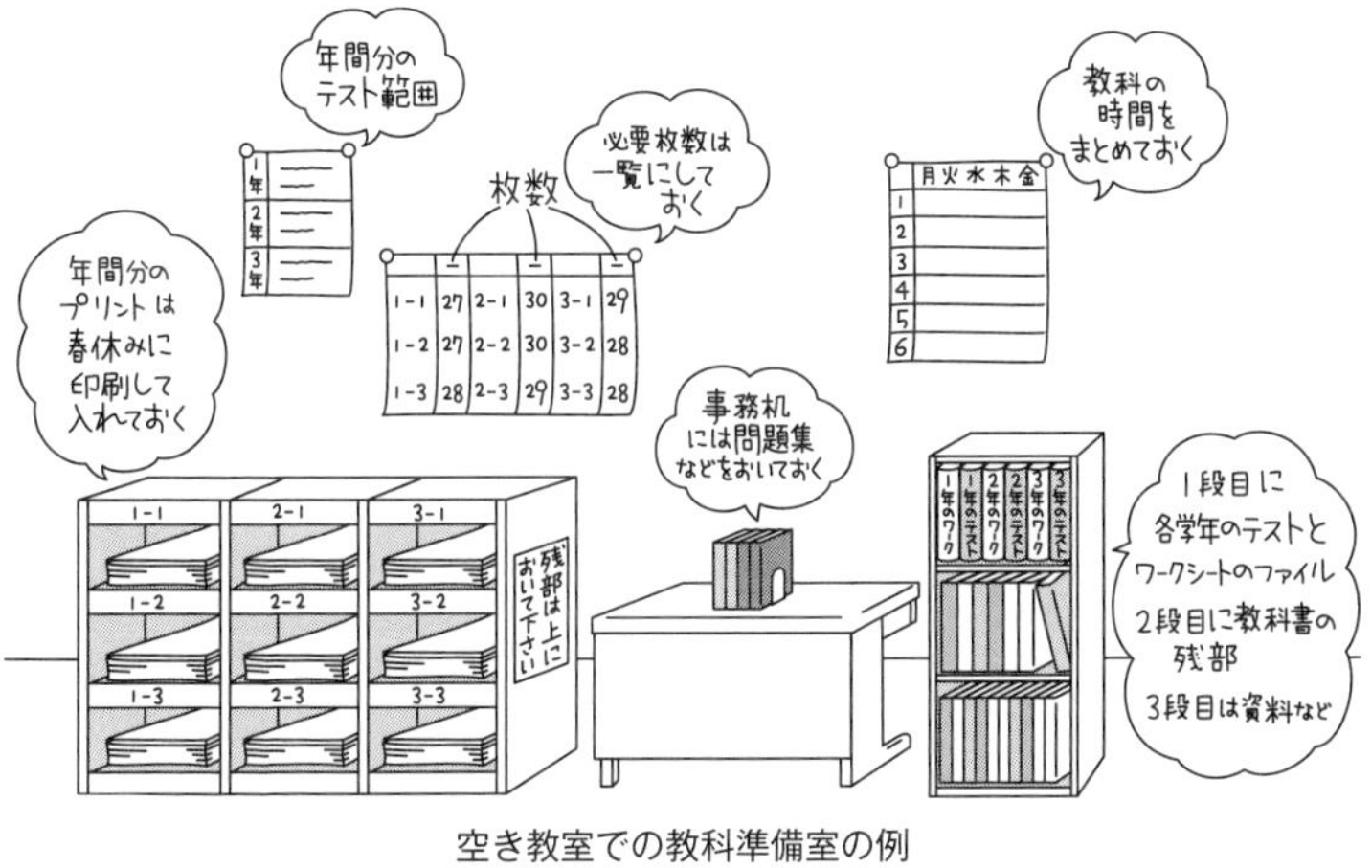

空き教室での教科準備室の例

おわりに

先輩教員がいなくなってしまう!?

平成30年3月に文部科学省が公表した「平成28年度学校教員統計調査」によると、公立中学校・公立小学校ともに教員の平均年齢は上がっており、現在は43歳です。そして、その構成は40代後半から50代と20代後半が比較的多くなっています。

このことが物語るのは、今後10年間ほどで、先輩教師から授業の技や、生徒指導などの指導スキルを盗んだりする機会がなくなってしまうということです。さらには、退職増加に伴い採用数は増加され、「後輩」がどんどん増えていきます。以前は先輩教員に「教えてもらう」立場だったわたしたちが、急に後輩教員に

「教える」立場になってしまうのです。

これは、授業や指導スキルに限りません。教師としての働き方、コツ、そういったものも、これまでのように気軽に教えてもらえなくなる状況が近づいているといえます。

授業スキルの研修はあっても、時短スキルの研修はない

だったら、働き方を教えてくれる場はあるのでしょうか。残念ながら、答えはNOです。

わたしたちが受ける研修では、授業研究、研究指定校による実践発表、服務規律等々、その対象は多岐にわたります。しかし、学校業務と直接関係するような内容の研修はあっても、教育業務を効率的に進めていくための工夫を発表、研究する研修はほとんどないのが実情です。

わたし自身、依頼があればどこでも研修の場などでお話しさせて頂いていますが、すべて教科の学習指導に関するものばかりです。時短アイディアに特化したお話をしたことはありませんし、自分で受けたこともありません。もちろん、大

学でも学べません。毎年のように仕事の内容が高度化・増加している一方で、働き方は個々にゆだねられているのが実情なのです。

時短アイディアを共有しよう

本書でもお伝えしてきたとおり、教育現場の忙しさは大変なものがあり、今後もその業務量は増えていくことが予想されます。

そんな大変な毎日の中で、児童生徒としっかり向き合いながらも、仕事に情熱を注いでいらっしゃる先生方には必ず「時短アイディア」があるはずです。10名の先生がいたら、10の仕事のやり方が必ずあります。

本書で提案した時短アイディア40はほんの一例であり、本書を手にとっていらっしゃる先生方も、実は優れたアイディアをお持ちかも知れません。それらをぜひ、隣に座っていらっしゃる先生に広めてみてはいかがでしょうか。

「私のやり方なんて……」とお思いかも知れません。しかし、この大変な業界で仕事を続けていらっしゃる先生方には、必ずその術があるのです。

わたしは今まで10年以上の教師生活の中で、先輩の先生に仕事のやり方をどんどん質問したり、仕事がうまく進んでいない後輩の先生にどんどんアドバイスをしたりするようにして教師生活を送ってきました。その中には自分では考えつかなかったようなものもあり、現在のわたしの仕事術を形作っているといえます。

時短は、時間をかけるべき仕事のために

繰り返しますが、教育業務は多岐にわたり、高度なスキルを要求されるものもあります。時間をかけるべき仕事のために、短縮できる仕事は極力時短することが本書のコンセプトです。

しかしながら、「時短」と一口に言っても多種にわたります。明日からでもすぐに実践・時短できるようなアイディアから、教師数名で集中的に、プロジェクト的に進めることで、向こう数ヶ月から1年の仕事が時短になるようなものまで様々です。そんな多種多様な時短アイディアを本書に散りばめました。

40のアイディアすべてを実行しようとせず、いい意味でアイディアを「つまみ食い」していただき、本書が先生方の、明日からの仕事の手助けになることができたら、これほど幸せなことはありません。

最後に、3人の子育てに奮闘しながら、温かいサポートと執筆の時間をくれた妻と、教師として貴重な実践をさせてくれた福井市・あわら市・坂井市の先生方に感謝します。また、東洋館出版社書籍編集部の大竹裕章氏には、本書の企画の段階から最終校正に至るまで、終始お世話になりました。心から感謝します。

2019年1月

江澤　隆輔

［著 者］

江澤 隆輔

（えざわ・りゅうすけ）

坂井市立春江東小学校教諭

福井県坂井市生まれ。広島大学教育学部（英語）卒業後、福井市立灯明寺中学校、あわら市立金津中学校を経て現職。金津中学校時代には時短スキルを駆使して教科指導にかける時間を充実させ、独自に「フォニックス」の指導の取り組みを始めた。その結果、英語4技能検定「GTEC」他で成果を上げ、ベネッセ『VIEW21 英語4技能育成特集号』（2017年6月発刊）に取り上げられるなど注目を浴びた。著書に『苦手な生徒もすらすら書ける！テーマ別英作文ドリル＆ワーク』（明治図書出版）、共著に『中学英語ラクイチ授業プラン』（学事出版）がある

教師の働き方を変える時短
5つの原則　40のアイディア

2019（平成31）年2月28日　初版第1刷発行
2021（令和3）年4月12日　初版第5刷発行

著　者　江澤 隆輔
発行者　錦織 圭之介
発行所　株式会社 東洋館出版社
〒113-0021　東京都文京区本駒込5-16-7
営業部　電話 03-3823-9206
FAX 03-3823-9208
編集部　電話 03-3823-9207
FAX 03-3823-9209
振　替　00180-7-96823
URL　http://www.toyokan.co.jp

[カバーデザイン] 中濱 健治
[イラスト] オセロ
[印刷・製本] 藤原印刷株式会社

ISBN978-4-491-03664-9
Printed in Japan